# スポーツ科学論

水野かがみ・水野敏明
井上広国・大森正英 著

（株）みらい

## 執筆者一覧

| 水　野　かがみ | 中部学院大学 | 第3・6章 |
| --- | --- | --- |
| 水　野　敏　明 | 元中日本自動車短期大学 | 第1・2章 |
| 井　上　広　国 | 岐阜女子大学 | 第4章 |
| 大　森　正　英 | 中部学院大学 | 第5章 |

# はしがき

　「スポーツ科学論」というと，スポーツを専門的に実施している人や指導者，研究者だけの学問のように思うかもしれないが，それは違うと思う。スポーツの分野において科学的に実証されてきた事柄は，我々がより豊かな日常生活を営む上で役に立つことが多いのである。ゆえに専門家のみならず，誰もが教養としてスポーツ科学の知識を得ることが必要ではないかと思われる。

　昨今の大学生を目の前にして思うのは，自分のからだのことや健康に関して無頓着すぎる学生が多いことである。彼らの健康教育の必要性，重要性は言うまでもない。スポーツ科学を通しての健康教育がどれだけ将来的に有効かはわからないが，微力ながらも力をそそいでいきたいと思っている。

　テキストの内容はスポーツの歴史をはじめ，人体の仕組みや働き，スポーツを実施した時の身体機能の変化等について述べているスポーツ生理学，運動処方とトレーニング理論，スポーツを実施することによっておきやすい外傷や障害の予防法と治療法について（スポーツ医学），さらにはスポーツ技術の向上や能力発揮に効果的な栄養素の取り方・食事方法（スポーツ栄養学）など全6章から構成されている。

　本書が学生のテキストのみならず広い範囲の方々に読んでいただき，忌憚のないご批判を賜れば幸いである。

　最後に本書の出版に際し，編集の面で多大なご尽力とご協力をいただいた（株）みらいの酒向省二氏，宮﨑潤氏に心からお礼を申し上げる次第である。

　平成16年3月

著者一同

目　次

はしがき／3

# 第1章　スポーツの歴史

## 第1節　スポーツの変遷 ―――――――――――――――― 9
① 古代のスポーツ／9
② 中世のスポーツ／10
③ 近世のスポーツ／11
④ 近代オリンピック／11
⑤ 日本スポーツの変遷／14

## 第2節　スポーツの語源 ―――――――――――――――― 15
① スポーツとは／15
② アマチュアスポーツとは／16
③ プロフェッショナル・スポーツとは／17

## 第3節　これからのスポーツ活動 ――――――――――――― 18
① 総合型地域スポーツクラブ／18
② 学校体育／19
③ 商業スポーツ／19
④ コミュニティスポーツ／20

# 第2章　スポーツの生理学

## 第1節　人体の発育・発達と加齢 ――――――――――――― 21
① 身体の発育・発達／21
② 形態の発育／22
③ 成長と発達／24

④ 発育・発達に影響を及ぼす因子／29
　　　⑤ 加齢／31
　第2節　運動と筋肉 ──────────────────── 34
　　　① 筋の構成／34
　　　② 骨格筋の構造／35
　　　③ 運動エネルギー供給機構／38
　　　④ 無酸素運動と有酸素運動／43
　第3節　運動と骨格 ──────────────────── 43
　　　① 関節／45
　　　② 関節とてこの作用／46
　第4節　運動と神経 ──────────────────── 48
　　　① 随意運動／49
　　　② 反射運動／49
　第5節　運動と心肺機能 ─────────────────── 52
　　　① 酸素摂取／54
　　　② 運動と心臓／55
　第6節　スポーツ・運動の効果 ────────────────── 56
　　　① 生理的効果／57
　　　② 体力に及ぼす効果／59
　　　③ 生活習慣病の予防に及ぼす効果／59
　　　④ 運動と寿命／60
　　　⑤ 自覚的な効果／61

## 第3章　運動処方

　第1節　体力の概念 ──────────────────── 64
　第2節　運動処方 ───────────────────── 64

5

①　運動種目を決める／66
　　　②　運動の強さを決める／66
　　　③　運動する時間を決める／70
　　　④　運動の頻度を決める／70
　第3節　トレーニングの種類と計画 ——————————— 72
　　　①　トレーニングとは／72
　　　②　トレーニングの原理／72
　　　③　トレーニングの原則／73
　　　④　トレーニングの種類／74
　　　⑤　トレーニング計画／80

## 第4章　スポーツ医学

　第1節　スポーツの外傷と障害 ————————————— 82
　　　①　スポーツの外傷と障害の分類／82
　　　②　発育段階によるスポーツ傷害の特徴／84
　第2節　スポーツによる外傷・障害の予防と治療 ——————— 88
　　　①　テーピング／88
　　　②　スポーツマッサージ／92
　　　③　アスレティック・リハビリテーション／93
　　　④　救急法／96
　第3節　スポーツと薬物 ——————————————— 101
　　　①　スポーツ界とドーピング／101
　　　②　ドーピング薬物／103

## 第5章　スポーツと栄養

　第1節　栄養とエネルギー代謝 ———————————— 105

6

①　栄養の重要性／105
　②　食生活と健康／106
　③　スポーツと栄養／113

第2節　スポーツにおける栄養補給と水分補給 ──────── 117
　①　運動と栄養補給／117
　②　健康づくりを目的とした運動と栄養／122
　③　スポーツと栄養補給／122

第3節　スポーツと嗜好品 ──────────────── 128
　①　スポーツと喫煙／128
　②　スポーツと飲酒／129

# 第6章　性差とスポーツ

第1節　スポーツにおける性差 ───────────── 132
　①　形態面／132
　②　機能面／135

第2節　月経とスポーツ ──────────────── 136
　①　正常月経の範囲／136
　②　スポーツ選手と月経／136
　③　生理用品／139
　④　月経中のスポーツ／139

第3節　妊娠とスポーツ ──────────────── 140
　①　妊娠中のスポーツの目的／140
　②　母体・胎児への影響／141
　③　妊婦のスポーツ実施の条件／141
　④　妊婦スポーツの効果／143

# 第1章 スポーツの歴史

## 第1節——スポーツの変遷

### ① 古代のスポーツ

　原始の狩猟民族においては，人が生きるために動物を捕る手段として，物や石器を使って「石を投げる」「槍を投げる」「棒を振り回す」等の行為が行われていた。こうした行為が進化し，獲物が正確に捕らえられる，数を競うなどしていたものと思われる。

　文明の発展とともにこれらの活動は「腕自慢」「力自慢」として英雄や偉人を崇拝する儀式へと発展し，古代ギリシャ時代は民族紛争解決の手段や，神々への祭典の場などで盛んに行われるようになった。

　これらの変遷をたどり，ペロポネソス半島のポリスの主導権争いによる内乱の慢性化と，ペストの大流行によって心身をむしばまれている人々を救済するために，エリス王イフィトスがゼウスに供犠して神託を乞うたことにより，オリンピックの原形であるオリンピア祭の始動をみた。その結果争いを止め，祭典を復活することを決め，敵対関係にあったスパルタのリクルゴス王と条約を締結し，オリンピアを聖地として，オリンピック期間中は「エケケイリア」と称する休戦（いかなる武力を持ってしても犯すことができないという）が実現し，ポリス間の抗争は一時的に停止され，紀元前（B．C）776年に第1回の古代オリンピックが開催された。この古代オリンピックで実施されていた競技では，女性の参加（多くの女性は見ることも）が禁じられ，純粋なギリシャ人の青年男子が全裸になって戦うものとされた。競技種目としては，スタディオン

走，戦車競争，円盤投げ，槍投げ，ボクシング，レスリングが行われ，勝利を祈願し，勝利に感謝し，男性の身体の均整美にその理想を見いだし，祭典競技での優勝者をオリンポスの神々に最も近い美しい者として讃えた宗教的儀式との関連が非常に強い競技として行われた。

初期の古代オリンピックでは，勝利者にオリーブの冠が贈られた。古代オリンピックも現在同様4年ごとに行われ，その後回を重ねるごとに崇高な理念は消え，徐々に崩壊し，勝者に賞金や年金を贈るようになり，さらには八百長や不祥事が相次ぎ，権力者に抱えられたプロの競技者が競い，「見世物」と化していった。

約1200年続いたオリンピックも393年の第293回大会を最後に，ローマ帝王テオドシウス1世が394年にローマ帝国がキリスト教を国教と定め「異教禁止令」を布告し，幕を閉じた。

## ② 中世のスポーツ

467年の西ローマ帝国の滅亡，ゲルマン民族移動の時期から15世紀の頃を中世の時代と称する。

この時代は「封建社会の時代」で，身分階級の厳しい社会であり，それぞれの階級にふさわしい特色のある生活を営み，文化を形成した。キリスト教思想が人々の生活に大きな影響を持ち，禁欲主義思想が支配し，身体活動は価値のない娯楽として否定された時代だった。

しかし，そうした時代の中にあっても，人々は本能的欲求として身体活動を求め，封建社会の各階層ごとに独自の運動やスポーツが形成されていった。貴族階級では乗馬，剣術，市民階級ではフェンシング，レスリング，射撃，ダンスなど，農民階級ではホッケー，歩競争，球技，民族舞踊などが行われるようになった。

中世は華々しいスポーツ活動がみられず，スポーツの暗黒時代と称されている。しかし階級化された封建社会にあって，各階層で生活と密着したレクリ

エーション的なスポーツ活動の誕生をみたのが特徴である。
　この傾向は近代初期へと続き，生活の中から次々とスポーツが生まれてくるのである。

## ③ 近世のスポーツ

　貴族社会の封建制度が崩れ，独立農民，商工業が発達し，産業革命が起こり，市民社会を基盤とする国民国家が築き上げられた。この頃は国民の教育に力が注がれ，スポーツが教育に重要な役割を果たすようになり，社会性を反映した理論に基づく教育的な身体活動が盛んになった。ドイツ人のグーツ・ムーツ（1759～1839）が近代体育の理論を確立したのはその一例である。
　近代スポーツの母国はイギリスといわれ，19世紀初期のイギリスではスポーツ競技が組織化され，中期には活発化した。1796年には，イギリスの学校（パブリック・スクール）でスポーツを教育の手段として採り上げ，大いに奨励し，学校間の競技や試合が盛んになった。生徒たちが自治の精神からスポーツの試合にフェアープレイを重んじたり，マナーを大切にしたのはイギリス人の祖先がつくり上げた騎士道精神の影響によるもので，スポーツマンシップが育ち，イギリスの名門大学（ケンブリッジ，オックスフォード）においてもこの精神が尊重され，アメリカ，ドイツ，フランスのスポーツ界へと影響を与えることになったのである。
　近代スポーツの特徴は，スポーツの組織化（競技団体）とフェアープレイ，スポーツマンシップ，グランドマナー，アマチュアリズムなど，スポーツ精神を持つようになったことである。

## ④ 近代オリンピック

　フランスのピエール・ド・クーベルタン男爵が1894年国際スポーツ会議でアマチュアの定義を提出した。この会議はオリンピック復興の会議といわれ，国

際オリンピック委員会（ＩＯＣ）が発足し，1896年に古代オリンピックゆかりの地であるギリシャのアテネで第1回大会を開いた。参加国は14国，競技数8競技，参加選手245人であった。開催は4年に1度で（表1-1），日本の参加は，1912年第5回スウェーデンのストックホルムが最初であった。1964年の第

表1-1　オリンピック記録（夏季大会）

| オリンピアード | 開催年 | 開催地（　）内は国名 | 実施競技数 | 参加国数 | 参加選手数 | 日本選手数 | 日本の金メダル獲得数 |
|---|---|---|---|---|---|---|---|
| 1 | 1896 | アテネ（ギリシャ） | 8 | 14 | 245 | — | — |
| 2 | 1900 | パリ（フランス） | 16 | 19 | 1,078 | — | — |
| 3 | 1904 | セントルイス（アメリカ） | 16 | 13 | 689 | — | — |
| 4 | 1908 | ロンドン（イギリス） | 23 | 22 | 2,035 | — | — |
| 5 | 1912 | ストックホルム（スウェーデン） | 15 | 28 | 2,437 | 2 | — |
| 7 | 1920 | アントワープ（ベルギー） | 23 | 29 | 2,607 | 15 | — |
| 8 | 1924 | パリ（フランス） | 19 | 44 | 2,972 | 19 | — |
| 9 | 1928 | アムステルダム（オランダ） | 17 | 46 | 2,884 | 43 | 2 |
| 10 | 1932 | ロサンゼルス（アメリカ） | 17 | 37 | 1,333 | 131 | 7 |
| 11 | 1936 | ベルリン（ドイツ） | 21 | 49 | 3,936 | 179 | 6 |
| 14 | 1948 | ロンドン（イギリス） | 20 | 59 | 4,092 | — | — |
| 15 | 1952 | ヘルシンキ（フィンランド） | 18 | 69 | 5,429 | 72 | 1 |
| 16 | 1956 | メルボルン（オーストラリア） / ストックホルム（スウェーデン） | 18 | 67 / 29 | 3,337 | 119 / 2 | 4 / 0 |
| 17 | 1960 | ローマ（イタリア） | 18 | 83 | 5,313 | 167 | 4 |
| 18 | 1964 | 東京（日本） | 20 | 93 | 5,133 | 355 | 16 |
| 19 | 1968 | メキシコシティ（メキシコ） | 18 | 112 | 5,498 | 183 | 11 |
| 20 | 1972 | ミュンヘン（西ドイツ） | 21 | 121 | 7,121 | 182 | 13 |
| 21 | 1976 | モントリオール（カナダ） | 21 | 92 | 6,043 | 213 | 9 |
| 22 | 1980 | モスクワ（ソビエト） | 21 | 80 | 5,283 | — | — |
| 23 | 1984 | ロサンゼルス（アメリカ） | 21 | 140 | 6,802 | 231 | 10 |
| 24 | 1988 | ソウル（韓国） | 23 | 159 | 8,473 | 259 | 4 |
| 25 | 1992 | バルセロナ（スペイン） | 25 | 169 | 9,368 | 263 | 3 |
| 26 | 1996 | アトランタ（アメリカ） | 26 | 197 | 10,332 | 310 | 3 |
| 27 | 2000 | シドニー（オーストラリア） | 28 | 199 | 11,116 | 268 | 5 |
| 28 | 2004 | アテネ（ギリシャ） | | | | | |
| 29 | 2008 | 北京（中国） | | | | | |

※第16回大会では，馬術のみストックホルムで行われた。
※第25回大会では，新ユーゴ・マケドニアは，個人競技のみ参加。

第1章　スポーツの歴史

18回は日本の東京で開催された。

　その後，スポーツの世界にもプロフェッショナル（プロ選手）が登場し，特にアメリカを中心として数多くのプロスポーツが盛んになった。特に近年はアマチュア選手のプロ化が問題になっており，オリンピックも参加資格規定の「アマチュア規定」が「参加資格条項」に変更され，出場の認定は各競技団体に任されるようになり，1988年，第24回ソウルオリンピックからプロ参加が認められるようになった。

　1924年からは，冬季スポーツ種目で「冬季オリンピック」が開催されるようになった（表1−2）。この大会は第8回のフランス・パリ大会の一部として行

表1−2　オリンピック記録（冬季大会）

| サークル | 開催年 | 開催地（　）内は国名 | 実施競技数 | 参加国数 | 参加選手数 | 日本選手数 | 日本の金メダル獲得数 |
|---|---|---|---|---|---|---|---|
| 1 | 1924 | シャモニー・モンブラン（フランス） | 4 | 16 | 258 | — | — |
| 2 | 1928 | サンモリッツ（スイス） | 5 | 25 | 464 | 6 | — |
| 3 | 1932 | レークプラシッド（アメリカ） | 4 | 17 | 252 | 17 | — |
| 4 | 1936 | ガルミッシュパルテンキルヘン（ドイツ） | 4 | 28 | 668 | 34 | — |
| 5 | 1948 | サンモリッツ（スイス） | 5 | 28 | 669 | — | — |
| 6 | 1952 | オスロ（ノルウェー） | 4 | 30 | 694 | 13 | — |
| 7 | 1956 | コルチナ・ダンペッツォ（イタリア） | 4 | 32 | 820 | 10 | — |
| 8 | 1960 | スコーバレー（アメリカ） | 4 | 30 | 665 | 41 | — |
| 9 | 1964 | インスブルック（オーストリア） | 7 | 36 | 1,091 | 48 | — |
| 10 | 1968 | グルノーブル（フランス） | 6 | 37 | 1,158 | 62 | — |
| 11 | 1972 | 札幌（日本） | 6 | 35 | 1,006 | 90 | 1 |
| 12 | 1976 | インスブルック（オーストリア） | 6 | 37 | 1,123 | 57 | — |
| 13 | 1980 | レークプラシッド（アメリカ） | 6 | 37 | 1,072 | 50 | — |
| 14 | 1984 | サラエボ（ユーゴスラビア） | 6 | 49 | 1,274 | 39 | — |
| 15 | 1988 | カルガリー（カナダ） | 6 | 57 | 1,423 | 48 | — |
| 16 | 1992 | アルベールビル（フランス） | 6 | 64 | 1,801 | 63 | 1 |
| 17 | 1994 | リレハンメル（ノルウェー） | 7 | 67 | 1,739 | 65 | 1 |
| 18 | 1998 | 長野（日本） | 7 | 72 | 2,177 | 166 | 5 |
| 19 | 2002 | ソルトレークシティ（アメリカ） | 7 | 78 | 2,517 | 109 | — |
| 20 | 2006 | トリノ（イタリア） | | | | | |
| 21 | 2010 | バンクーバー（カナダ） | | | | | |

※92年の後は夏季五輪と分離するため94年に開かれ，以後4年ごとの開催となる。

13

われ，その後独立して第1回冬季オリンピック・フランス・シャモニー・モンブラン大会と称することになる。日本の参加は，1928年スイスのサンモリッツ大会で選手は6人であった。1972年の第11回は日本の札幌で開催，1998年は日本の長野県で開催された。

1992年までは，夏季大会（バルセロナ）と冬季大会（アルベールビル）を同年に開催していたが，その後は夏季大会の中間年に開催されるようになり，1994年第17回はノルウェーのリレハンメルで開催された。

各種のスポーツ大会は現在，各地で華々しく開催されてはいるが，近年世界情勢の大きな変化に伴う様々な問題の影響を受けながらも，本来の精神を失うことなく継続されていることはまことに望ましい。

## ⑤ 日本スポーツの変遷

打毬（まりうち），打鞠（くゆるまり），蹴鞠（けまり）は，古くは日本書紀，平家物語の中で語られている。平安時代の宮中では盛んに蹴鞠・打毬が，あるいは馬藝，弓射等が行われていた。

日本文化には，昔から武術や相撲をとおして精神を磨くという伝統がある。剣術，弓術，棒術，馬術，水練術などがその代表例である。

明治時代に欧米からスポーツを取り入れたが，当時の日本においてはスポーツそのものが目的ではなく，身体の練磨と同時に精神の修養に主眼がおかれたものであった。つまり，文明開化の礎にはじまり，殖産興業と富国強兵へと近代国家をつくる時代にスポーツの心身鍛練効果のみが利用され，武道とともに兵法（兵式体操）が重んじられて，スポーツ本来の遊びや楽しみの要素は顧みられることはなかった。その後も日本では剣道，柔道，弓道，相撲道，水練術といった修練・鍛錬・修業によってその道を極めることが当時の「スポーツ」の主流であった。

明治の終わりから大正にかけてはスポーツが全国的に普及し，アマチュアスポーツ協会，大日本体育協会，各種競技団体が設立されるなど，日本的なス

ポーツ体制が確立し，スポーツの世界においても大正デモクラシーの実現をみた。

大正末期から昭和の初期にかけてはスポーツの隆盛をみた。スタジアムの建設（明治神宮競技場，甲子園球場など），ラジオでのスポーツ実況放送開始等に呼応して，学校教育が重視され，正課のスポーツ・体育が全面的に採用された。しかし昭和の初期には国民の精神修養，身体訓練に資するところの大きい身体運動の強化を軍国主義の遂行という目的のもとに指導する教育がなされた。これが第2次世界大戦まで続くのである。

戦後は，敗戦による窮乏と貧困の中で，いち早く復興したのは神宮球場で行われたプロ野球であった。学校教育では，軍国主義的，超国家主義的な要素を持つ教材を廃止し，バスケットボール，バレーボールなどのスポーツ教材が採用された。体格・体力の向上，スポーツ活動の楽しさ，野外活動，競技力向上などが奨励された。

1964（昭和39）年，東京オリンピックの開催以来，スポーツの大衆化現象が起こり，スポーツ人口が激増した。高度成長とともに生活が豊かになり，人々がスポーツ本来の持つ意味に目覚め，生涯スポーツが普及した。

近年は生活の質（QOL）の向上により，日本の平均寿命は世界一になった。元気で長生きするためにも，若く，元気なときからスポーツに親しみ，Sports for All，国民大衆のための健康スポーツが推奨されている。

2003（平成15）年5月1日，健康増進法が施行され，健康日本21「国民健康づくり運動」としてスポーツを大幅に取り入れた活動が推進されている。

## 第2節──スポーツの語源

### 1 スポーツとは

スポーツ（Sport）は英語の古語Disportからきている。これは元来，ラテン語の disportara or deportareという言葉に起源を持っているといわれる。こ

れらの言葉は，11世紀頃，ノルマン人が高尚な生活の表現として使っていたものが，海を渡り，イギリスで盛んに使われ，「仕事から離れる」「緊張からの解放や慰み」等の意味で使われており，気分転換とか，気晴らし，遊び，娯楽等を含んでいる。このようにスポーツに対する概念は，気晴らしとか楽しみとして，単に身体活動のみでなく，もっと広い領域の活動としてとらえられていた。

　スポーツ本来の意味は，遊びで，そのものを楽しむものであり，スポーツに高尚な付加価値（道，術）を求めず，スポーツの第一義的な価値「遊ぶ」「楽しむ」を完結することが求められる。

## ② アマチュアスポーツとは

　アマチュア（amateuor）とはラテン語のamator「愛する人・愛好者」から生まれた言葉で，「素人の愛好者」「職業にしていない人」といった意味を指す。したがって，アマチュアスポーツとは，スポーツで遊ぶ，楽しむといったスポーツの基本原理にのっとったものということができる。健康志向のスポーツ，生涯スポーツ，コミュニティスポーツ等はその代表的なものといえる。

　しかし今まで一般的通念として「アマチュア」とは，「営利を目的とせず，スポーツを行うことによって金銭を得ない競技，ならびに競技者」を示すものと受け止められ，「プロ」の対立語のように解釈されていた。1974年のオリンピック憲章の大改革から，参加資格規定は「アマチュア規定」という言葉が「参加資格条項」に変更され，各競技連盟（団体）の規定に従って出場を認めていくようになった。その結果，1988年のソウルオリンピックでは，競技によってはプロ選手の出場（テニス競技）も認められ，1992年のバルセロナオリンピックでは，プロバスケットボール選手でアメリカチームは構成されて出場し，金メダルを獲得した。

　今までアマチュアスポーツの祭典とされてきたオリンピックであったが，現在では世界中の一流の競技者が集まるオリンピック，あるいは国際的チャンピオン・スポーツ大会がプロ化と変貌してきたのは必然な結果といえる。

## ③ プロフェッショナル・スポーツとは

　プロスポーツとは，スポーツを興行することによって利潤を得て，生計を営むもので，「職業としている者」と解釈されていた。しかし現在では，競技スポーツ・チャンピオンスポーツは少なからずプロ化の傾向がみてとれる。競技スポーツ・チャンピオンスポーツは，誰が一番強いか，速いかを決める競技で，「優勝，準優勝，何位」という結果が重視されるスポーツである。善し悪しは別として，このため競技選手が広告塔になり，競技団体から金品を受け取る。オリンピックでメダルを取れば報奨金が払われ，こうした行為は「アマチュア規定」の定義の判断が困難な時代へと進んできたことを意味する。

　競技スポーツは，相手との戦いにより勝敗を決めるもの，時間や距離などの記録を競い合うもの，得点を競い合うもの等があり，いずれも目的は勝つことである。競技者は身体や精神を鍛え，高度な技術を追求し，そのためには経済的な負担も大きいのが実状である。また，科学技術の進歩に伴い，より専門的な科学トレーニングのための器具が必要になるなど競技選手の負担も並大抵のものではない。

　今日では選手がマスメディアの広告塔になったり，スポンサーから金品の提供を受けたりして，競技生活を送るということが必然的なことと思われるようになってきた。したがってプロスポーツ，アマチュアスポーツ（特にチャンピオンを目指す競技スポーツとの）区分は大変困難になった。

　プロスポーツの報酬は，観客の入場料によるもの（野球，相撲等），観客の投機によって得るもの（競馬，競輪等），スポンサーの賞金によって得るもの（ゴルフ，テニス等）がある。

# 第3節——これからのスポーツ活動

　スポーツとは若い世代の者だけが行うものでなく，幼児から老年までのあらゆる世代の人々が，生涯にわたって楽しみ，人生の充実感を獲得していこうという考え方や実践であり，それは競技者であろうと一般人であろうと同じである。

　スポーツはその人の志向により異なる。大きく分けると「競技・能力向上志向」つまりチャンピオンスポーツ・プロスポーツ志向，「健康志向」アマチュアスポーツ志向，「レクリエーション志向」民族的・遊びのスポーツ志向に分けられる。しかし志向性は幼少の頃からあらわれるものではない。人のライフサイクルに合わせて，変化するものであることを忘れてはならない。

## ① 総合型地域スポーツクラブ

　文部科学省が2000年に音頭をとって，「中学校校区単位に一つの総合型地域スポーツクラブをつくりましょう」と推奨している総合型地域スポーツクラブとは，地域住民の自主的，主体的な運営により，子どもから高齢者，障害者まで含む，様々なスポーツを愛好する人々が参加できる，総合的なスポーツクラブである。特徴は次のようである。

① 一中学校区程度の地域住民を対象としたクラブ員相互の自発的，自主的な活動であり，会費等による独立採算であること。
② 単一のスポーツ種目だけではなく，複数の種目を行っていること。
③ 青少年から高齢者，多世代にわたって，初心者からトップアスリートまで，様々な年齢，技術，技能の保有者が活動していること。
④ 活動の拠点となるスポーツ施設，クラブハウスを有しており，定期的，計画的にスポーツ活動の実施が可能となっていること。
⑤ 質の高いスポーツ指導者を配置し，個々のスポーツ要求度に対応した適

切な指導が行われること。
⑥ 法人格を持ち，地域にサービスを提供できること。

このような目標を掲げながら進んではいるものの，現在でも問題点や課題が多いのも実情である。

この総合型地域スポーツクラブは，主にヨーロッパ諸国でみられるスポーツクラブそのものであるが，それをそのまま取り入れるのではなく，日本の実情あるいはそれぞれの地域に根ざした日本型の地域スポーツクラブになることを望みたい。

## ② 学校体育

学校教育の一環として行われるスポーツはそれぞれの年齢によって，ねらいは異なるが，発育・発達を促す，自己の志向を見つける，みんなでいろいろなスポーツを楽しみ，マナー・ルールといった社会性・協調性を身につけることを主眼とする学校教育活動が求められる。

また課外活動としてのクラブ活動は総合型地域スポーツ活動へと移行してもその目的は果たせるが，しかし近年は，学校教育の体育までも，総合型地域スポーツ活動でその役割を果たせばよいというような背景がみて取れる。

## ③ 商業スポーツ

商業スポーツ活動あるいは総合型地域スポーツ活動は，学校教育と平行してあるべきであり，これらは，二面性を備えていることが求められる。すなわちこれらの活動は個人の志向として実施するもので，幼少年期は，競争力や勝敗を競うチャンピオンを目指したり，プロを目指したりするものである。中・高等学校の全国大会等はこの地域型スポーツ活動の範疇となろう。

もう一方では，泳げない者が泳げるようになる，うまくできない者が上手になる，学校教育で実施できないスポーツの実践等といった学習塾的なスポーツ

活動が主になろう。

　青年期以降は，スポーツ活動がそれぞれの志向性や目標によって，より専門的となり，チャンピオンスポーツ・プロスポーツと健康・生涯スポーツとに分かれていく。商業スポーツ活動は，経済的負担が大きく，入会金，年会費等が必要となるが，その分きめ細かい指導，帰属意識の尊重などを含む手厚いサービスが受けられる。

## ④ コミュニティスポーツ

　それぞれの地域住民の共同体によって行われるスポーツである。市町村のスポーツ施設あるいは学校体育施設を使って実施されるスポーツ活動である。これらは子どもから大人まで地域住民の交流や連帯意識を高め，さらには健康増進を目的とするものである。しかし今後は総合型地域スポーツ活動に吸収されるものと思われる。

**引用・参考文献**

1）総務庁行政監察局『スポーツ振興対策の現状と問題点』大蔵省　1990
2）北川勇人『ニュースポーツ事典』遊戯社　1991
3）日本体育協会『最新スポーツ大辞典』大修館書店　1990
4）スポーツ・レクリエーション施設総覧編集委員会『スポーツ・レクリエーション施設』耕文社　1986
5）日本レクリエーション協会『高齢者レクリエーション・ワーカー』藤印刷　1990
6）菅原禮『スポーツ社会学の基礎理念』不昧堂出版　1984
7）佐伯聰夫『現代スポーツの社会学』不昧堂出版
8）久保浩二「我が国で実施されているスポーツ種目の現状」『健康と体力』(10)　1989
9）森基要他編『新スポーツ健康学』みらい　1998
10）玉木正之『スポーツとは何か』講談社　1999
11）浅見俊夫他編『現代体育・スポーツ大系2　スポーツの歴史』講談社　1984
12）森基要他編『21世紀の健康学』みらい　1996
13）黒須充「特集総合型地域スポーツクラブはあなたにとって必要か」『指導者のためのスポーツジャーナルVol.244』日本体育協会　2001

# 第2章 スポーツの生理学

## 第1節──人体の発育・発達と加齢

### ① 身体の発育・発達

　身体各部の発育過程を表した代表的なものに，スキャモンの発育曲線がある（図2－1）。これは身体諸器官を四つに大別し，成人の発育到達値に対する各年齢の発育比を求めることで発育過程の特徴をあらわしたものである。

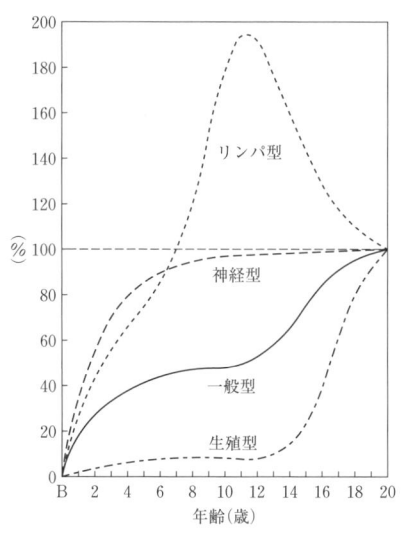

図2－1　スキャモンの発育型模式図

東京大学教養学部体育研究室『保健体育講義資料』
東京大学出版会　1988

1 ── リンパ型（lymphoid type）
　このタイプには，胸腺，リンパ節，扁桃アデノイド，腸間リンパ組織等があり，出生後急上昇し，思春期初期の頃に頂点に達し，成人の2倍近くにもなるが，再び急速に低下し，成人の大きさに戻る。

2 ── 神経型（neural type）
　このタイプを示すものには，脳，脊髄，眼球，感覚器官等の神経組織があり，出生後急速に発達し6歳頃に成人の約90％に達し，その後ゆっくりと発育する。

3 ── 一般型（general type）
　このタイプは，骨格，筋肉，内臓諸器官（呼吸器，消化器官，腎臓，大動脈等々）等の身体組織の発育曲線で代表され，出生後やや急速に発育し，児童期にややゆるやかになり，思春期に再び急な発育をし，成人値に近づく。

4 ── 生殖型（genital type）
　このタイプの発育を示すものは，精巣（睾丸），卵巣，子宮等の生殖器官であり，12歳頃までは成人の10％程度のかなりゆっくりとした発育をして，思春期頃にはきわめて急激に発育をする。これは内分泌系の発達によるもので，思春期の発育をコントロールするうえに大変重要な働きを持つものである。

## ② 形態の発育

1 ── 身長
　身長の発育は生後1年間で最も急速な発育（第1発育急進期）をし，その後比較的ゆるやかな発育をし，第2のピークが思春期にみられ，男子では12～14歳頃，女子で9～13歳頃にみられる。これを第2発育急進期という。その後は次第に発育量が減り，ゆるやかな発育を示し，20歳頃にはほぼ成人の身長に達する。（図2-2）

第 2 章　スポーツの生理学

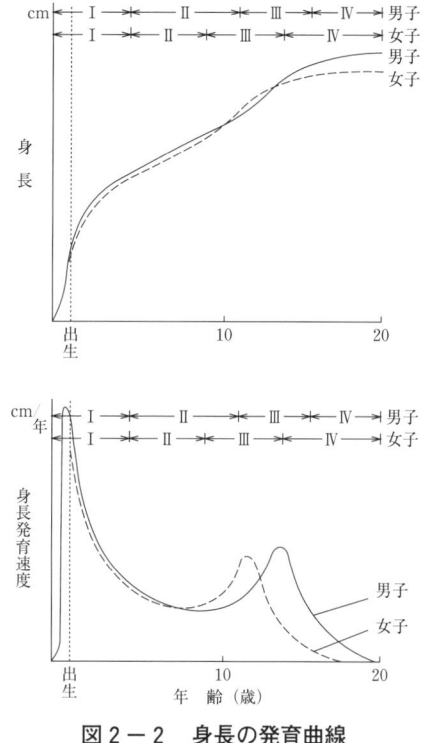

図 2 − 2　身長の発育曲線

高石昌弘・宮下充正『スポーツと年齢』大修館書店　1977

## 2────体重

　身長とほぼ同じ傾向だが，発育速度がピークになる年齢は男子で11〜15歳，女子は10〜14歳頃であり，いずれも女子の方が早くあらわれる（図 2 − 3 ）。

## 3────胸囲

　胸囲の大きさは心臓や肺の発達と密接な関連を持っているといわれるが，一般的に発育速度ピークになるのは，男子で11〜15歳頃，女子は 9 〜13歳頃であり，この時期にかけて著しい発育がみられる。
　このように発育急進期において，男子と女子では 2 年ぐらいの時間的なずれがあり，女子が男子よりも発育が優位を占める時期もあることがわかる。

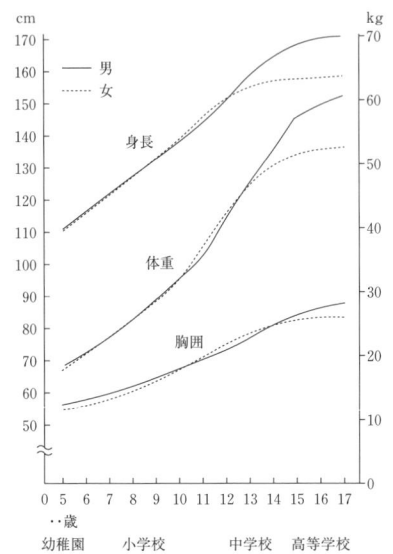

**図2−3 身長・体重・胸囲の平均値(1984)**
資料 文部省『学校保健統計調査』等

## ③ 成長と発達

### 1————骨の成長

　骨は，乳幼児期においては大部分が軟骨の状態である。発育期の四肢の骨は骨端，骨端線，骨幹端，骨幹に分けられる。骨の長さの成長は，骨端にある骨端線で行われる。骨端線にある軟骨細胞が骨細胞にかわることによって長さを，骨膜にある結合組織細胞が太さをそれぞれ成長させることによって行われる。骨端線がなくなると成長は止まる。骨端線がなくなるのは部位によって多少の違いがあるが，おおよそ16～17歳頃である。

### 2————筋の発達

　図2−4は，筋の機能発達の一例として肘屈筋の最大筋力，最大速度，最大パワーおよび反応時間を表したものである。最大筋力，最大速度，最大パワー

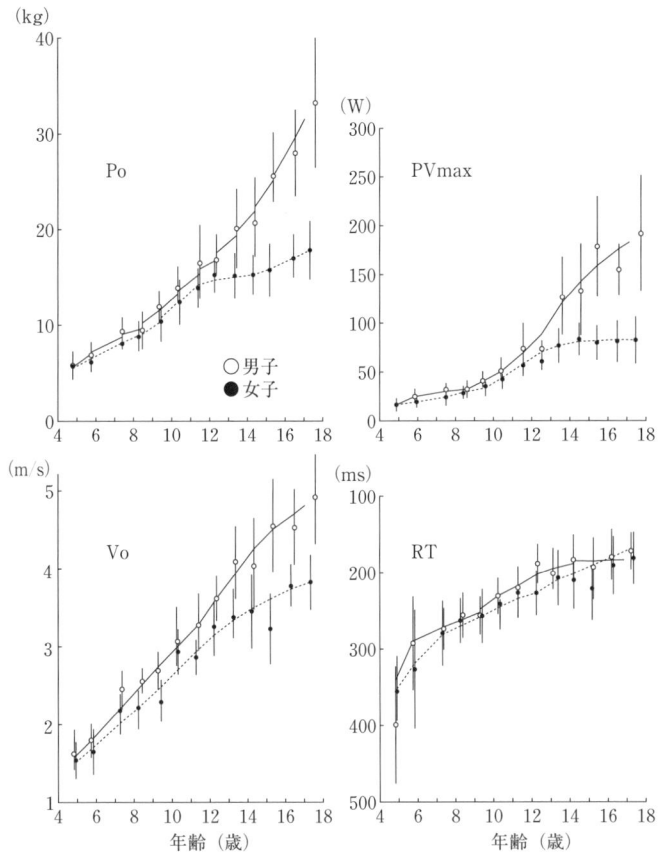

図2－4　最大筋肉(Po)・最大速度(Vo)・最大パワー(PVmax)・反応時間(RT)の発育に伴う変化（金子）[6]

は，形態の発育過程や除脂肪体重の発育変化と平行している。筋力の発揮は，年齢性別を問わず単位筋断面積あたり約6.3kg／cm$^2$であり，また筋収縮最大速度は，筋長1cmあたり約4.0cm／秒であるとされている。これらのことを総合すると筋の発達は，形態発達に裏付けられるといえる。

　反応時間は，5～6歳の発達が著しく，その後は漸進的に増加している。この発達傾向は，スキャモンの神経型の発育曲線に酷似していることから，神経系の発達が大きく関与していると考えられる。

## 3 ── 呼吸・循環機能の発達

呼吸機能は呼吸数や肺活量によって知ることができる。新生児では1分間に34〜45回ぐらいであるが、1〜6歳では20〜30回、6〜10歳では18〜25回、10歳以上になると16〜20回ぐらいで、ほぼ成人と同じ程度まで発達する。呼吸数が年齢とともに減少するのは、発育とともに肺の弾力組織が増え、1回の呼吸量が増大するからである。

肺活量の発育曲線を図2−5に示す。男子では11〜13歳、女子では13〜14歳で急速に発達をする。

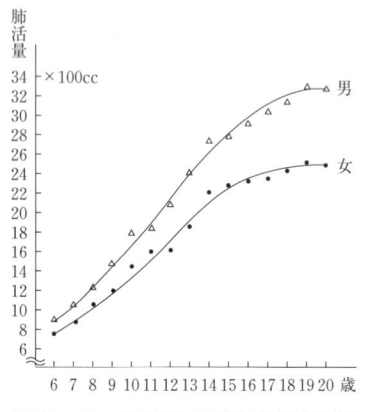

図2−5　肺活量の発育曲線（横堀）
保健体育資料　1982

循環機能は脈拍や血圧の年齢による変化により知ることができる。

脈拍数は新生児で1分間に130〜150回ぐらいであるが、発育とともに減少し、2〜6歳で80〜105回、6〜13歳で75〜90回、13〜20歳で75〜85回、20歳以上になると70〜75回ぐらいになる。一般的に女子は男子より脈拍数が多い。

呼吸機能と循環機能を総合的に表すものとして、最大酸素摂取量がある。最大酸素摂取量が最も急増する時期は、男子では、12〜15歳にかけて、女子では10〜15歳頃である。男子の成人では約3.0ℓ／分、女子では約1.7ℓ／分位になる。

## 4 ── 神経機能の発達

神経系の発達は図2−1のように、出生後数年間でほとんど成人の域に近づき、その後はプラトー（高原、高い状態で維持されること）が維持される。図2−6は加齢による脳の重さの発育をみたものであるが、5歳頃までに成人の約90％、10歳で95％に達し、その後はほぼ一定の重量が維持され、60歳を過ぎる頃から徐々に軽減していく。精神の発達や知能の発達は、脳の発達と密接に関係する。

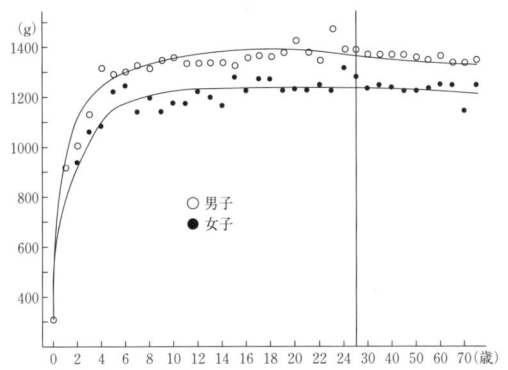

図2−6　大脳重量の加齢的変化

大森正英他『くらしの健康学』中央法規出版　1986

## 5 ───性的発達

　思春期に達する頃になると，性ホルモンの分泌が盛んになり，生殖型は12〜13歳頃より急激に発育する。これを第2次性徴という。

　性の決定は，受精時になされる。精子が卵子の中に侵入し，相互の染色体が混ぜ合わされた瞬間に性別の決定が行われ，第1次性徴が形成されてくる。出生児の性別は第1次性徴で見分けられる。少年期から青年期への移行がはじまる思春期は，体格や身体諸機能の発達と同時に，男は男らしく，女は女らしくなっていくが，その形態と機能を高めていくのは性ホルモンの分泌である。

　性ホルモンには，男性ホルモン（アンドロジェン）と女性ホルモン（エストロジェン）とがあり，誰もが両方のホルモンを備えている。男性ホルモンの大部分は精巣（睾丸）でつくられる。女性ホルモンの大部分は卵巣でつくられるが，女性の男性ホルモンは副腎でつくられ，極めて少量だが卵巣でもつくられる。女性ホルモンには卵胞ホルモン（エストロジェン）と黄体ホルモン（プロジェステロン）とがある。

　表2−1は第2次性徴の発現をみたものであるが，男女共通なものもあれば別々なものもある。これらの発現には遺伝，環境，栄養，などの諸因子が身体に影響をおよぼし，個人差は当然ながら大きくなる。

表2-1 第2次性徴の発現

| | 男　子 | 女　子 |
|---|---|---|
| 8　歳 | | 骨盤拡大，臀部の円味 |
| 9 | | 皮脂腺分泌増加 |
| 10～11 | 陰茎・睾丸の成長 | 乳房変化 |
| 12 | 喉頭突出 | 陰毛発生，生殖器の成長 |
| 13 | 陰毛発生 | 膣分泌物増加 |
| 14 | 声変わり | 初潮・腋毛発生 |
| 15 | 生殖器色素増加，腋毛，ひげ発生 | 骨盤増大 |
| 16～17 | 身体発毛，骨格増大，陰毛変化，射精開始 | 排卵，月経正常化，骨格増大 |

松田・細川　1973

　成長するにつれ，人間は自らの性を自覚し，異性を強く意識し，性への関心が高まり，性愛として行動化されていく。したがって性への問題は，人間生活のうえでその意義と役割を理解し，その重要性を認識することが大切である。

## 6───運動機能の発達

　新生児の運動には随意運動はみられず，脊髄，脳幹，中脳および視床に中枢のある反射が主体である。この反射の出現と消失は神経系の発達に対応していて，出生直後に出現し，2～3か月で消失するものもあれば，生後3か月頃に出現し，5歳頃まで消失しないものもある。反射の出現と消失に平行して，随意運動の発達がみられる。

　乳幼児の随意運動は，粗大運動と微細運動に大別することができる。粗大運動の発達は，移動運動の発達に代表されるように，頭部からはじまり，上肢，体幹，下肢の順に機能発達が進行する「頭部から臀部へ」の法則が当てはまる。また，上肢の発達に代表されるように，上腕，前腕，手，指の順に機能発達が進行する「中心部から末梢へ」の法則もある。

　微細運動の発達は，手指の操作機能の発達である。物の摘み方の発達に代表され，手のひらを中心とした握り方から指先を使った摘みへと質的に高度化していく過程にみられる。

## ④ 発育・発達に影響を及ぼす因子

　身体の発育・発達は，遺伝的要因と環境的要因の両方から規正される。つまり，遺伝的要因と環境的要因は，それぞれが独立して関与するものではなく，相互に作用しながら発育・発達現象に影響するものである。

### 1───遺伝的要因

　身体の発育・発達において，遺伝子の支配力は大きい。親子の外観，体格などの形質が類似するのも遺伝子のなす業である。遺伝的要因の影響は，双生児の研究によって端的に示される。一緒に育った一卵性双生児は，遺伝子組成と環境条件が同一であるが，二卵性双生児は，環境条件は同一であっても遺伝的には一般の兄弟と同様の類似性を持つにすぎない。両者の身長を比較すると，一卵性双生児の類似性がきわだって高い。

### 2───環境的要因

　近年における栄養の改善，生活様式の変化，社会環境の変化などは，身体発育を加速的に増大し，成熟を早期化させるなどの変化をもたらしてきた。このような現象を発育促進現象とよび，以下の三つの現象に大別して考えることができる。

❋　年次促進現象
　世代が進むとともに，同年齢の体位が向上する現象である（図2－7）。

❋　成熟前傾現象
　成熟の現象が年齢の低い方へ移行し，世代が進むにつれて早熟化していく現象である。生殖系の早熟化のみでなく，歯牙の萌出の早期化などもみられる。

❋　発育勾配現象
　都市部の子どもは，地方の子どもに比較して諸発達に著しい早熟化が認められる現象である。

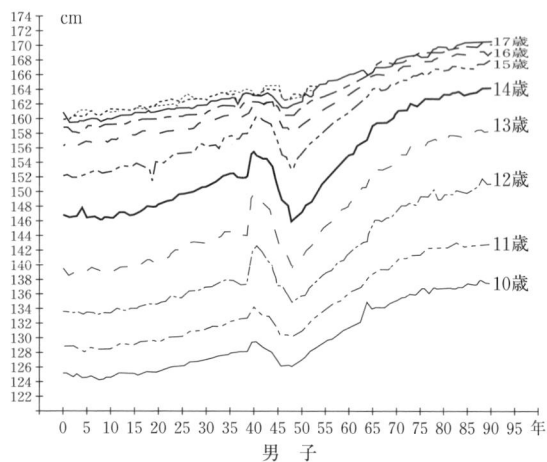

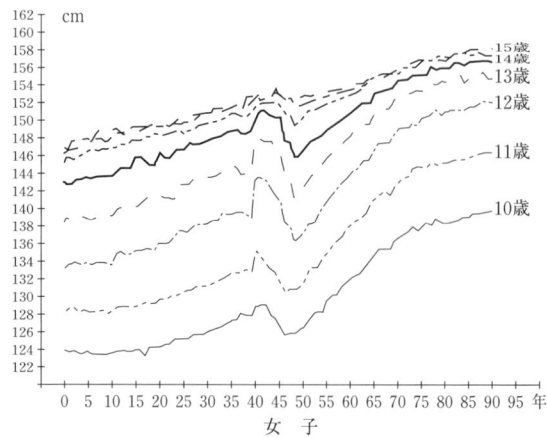

図2-7 1900年から1990年までの身長の逐年変化（松浦）

以上は環境的要因が発育・発達を促進する現象例であるが，環境的要因が負の要因として作用することもある。例えば，図2－7でみられるように，第二次世界大戦（1941年）開戦以降，身長の急激な低下がみられ，ことに思春期の低下が著しい。この現象は，戦争の悲惨な環境下における過剰なストレスや栄養不良などが引き起こしたものである。

また，発達初期段階における環境的要因の影響力の絶大さを示唆するものに，野生児に関する報告がある。救出された野生児は，神経，骨格，筋肉に異常がないにもかかわらず，人間の特徴である直立二足歩行ができず四足歩行をしていたことが報告されている。この報告は，ヒトが人間社会の環境下で育てられることの重要さを示唆している。

## 5 加齢

生体の構造，機能が時間の経過に伴って，変化することを加齢現象という。この変化を大きく分けて発育期，成熟期，老化期といい，人はこの一連の生命現象をもって寿命をまっとうする。

この加齢という言葉は，1956年に発行された沖中らによる「老年病学」という著書の中で取り上げられたのが最初で，比較的新しい概念である。加齢は，老化より広くかつ普遍的な概念として用いようとしたものである。

### 1────加齢現象

人は20歳頃に発育・発達のピークに達し，その後年齢の変化とともに生態各機能も変化する。成人病は加齢現象を基盤に発症し，進展するのでこの変化を知ることが必要である。

中高年期の加齢に伴う変化は，基本的には個々の細胞のすべての機能低下によるものといえよう。つまり細胞数の減少，細胞内の変化，結合組織の変化が起こる。この結果として身体の働きに変化が生じ，予備力の低下，反応の鈍化，回復の遅延，再生能力の減退等様々な変化として現れる。

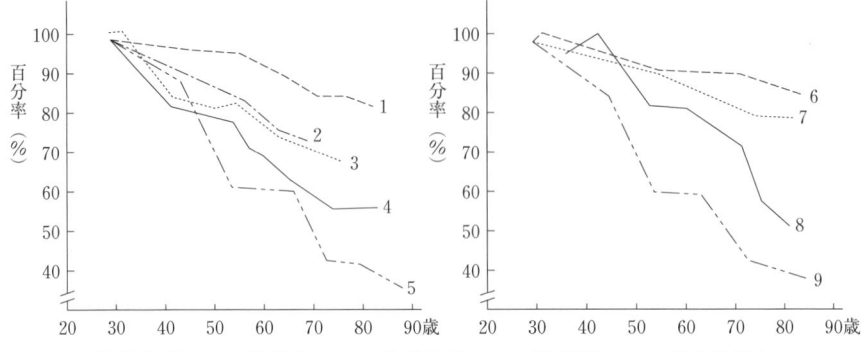

1．基礎代謝，2．労働力，3．心拍出量，4．肺活量，5．最大肺活量，
6．神経の伝導速度，7．水分含有量，8．腎臓の透過率，9．腎臓の血流量

**図2－8　生理的機能の年齢的変化**

横橋　田中他著『健康学概論』から

　図2－8は生理機能のいくつかを年齢的変化に応じて，30歳時を100とし，その低下状態を逓減率で示したものである。

〈1　生理機能の変化〉

❋　心機能

心拍出量は20歳以降減少する。血流量は脳，心臓，骨格筋などに比べて，腎臓，腹部，手足指などの減少が著しい。

❋　肺機能

肺活量の低下は著しい。肺の弾性収縮力が減少し，肺の最大換気率および拡散能が低下する。これらの機能の低下は人間の活動力にかかわる呼吸・循環機能の低下を意味するものである。呼吸・循環機能は人間の生命活動を支える基本である。

❋　知覚機能

聴覚は低下の方向が対数的であり，視力も老眼化が進む。

❋　腎機能

腎臓の透過率や血流量が，加齢とともに低下傾向が顕著に現れる。その他の機能においても程度の差こそあれ加齢的変化が認められる。

〈2　外見の変化〉
　一般に身長が低くなる。これは椎間板の短縮と個々の椎骨の高さの減少による。その結果，体格は短躯幹，長四肢型となる。
　皮下脂肪は腹部と腰部に蓄積する。女性の乳房の脂肪組織は萎縮する。体毛は消失する。額のしわは20歳代からはじまり，目の外側のしわは40歳過ぎの証拠ともされる。
　皮膚の脂肪と弾性線維の消失によって耳や顎が下垂する。骨格筋も萎縮するが，特に手足の骨間筋に著しい。程度が進むと転びやすくなり，また細かい動作で手の震えがみられるようになる。
〈3　運動機能の変化〉
　握力をはじめ，すべての筋力は20歳代をピークとして，以降直線的に低下するが，職業などによる個人差が著しい。

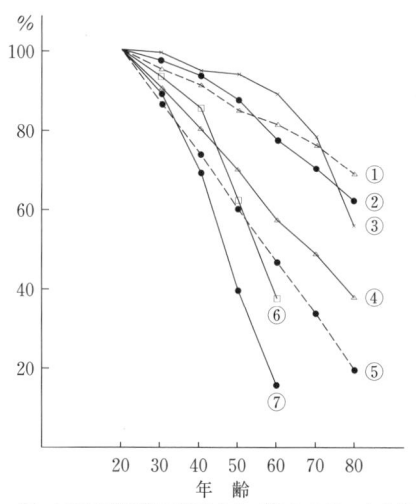

いずれもほぼ直線的に低下する（種々のデータより20歳代を100％として作図）
①視覚単純反応時間（女）　⑤運動時間
②手の回転運動　　　　　　⑥筋力（握力）
③視覚単純反応時間（男）　⑦筋力（上腕二頭筋力）
④反応時間，ペグボード検査

図2－9　運動機能の加齢に伴う変化
『からだの科学』日本評論社　1983

敏捷性，瞬発力，持久性，平衡性なども30歳代頃から目立って低下するようになる。

### 2 ──── 老化の防止対策

　加齢とともに老化が進み，体力の低下がみられるが，個人の健康の指標として生理年齢と実年齢との差を評価することがある。第6節**②**の「体力におよぼす効果（図2-33）」に示したように，運動をすると運動をしないとではかなりの体力差がみられる。

　中・高齢者は自分に合った運動を心がけ，あせらず，注意を守って，自分のペースで楽しく実施することにより，個人にあった適度な運動量を確保し，健康の維持に努めることが求められる。

## 第2節 ──── 運動と筋肉

　我々の意志に基づく身体運動は，人体を構成するおおよそ400の骨格筋と，206の骨と，骨と骨を結ぶ200以上の関節によって，巧みに発現される。

### ① 筋の構成

　人の意志に基づき身体運動の主役となる筋を，骨格筋という。また内臓諸器官を構成している筋を，内臓筋という。

　これらの筋を神経支配から分類すると，前者を随意筋，後者を不随意筋という。骨格筋は，顕微鏡で観察すると横紋がみられることから横紋筋，内臓筋は，平滑なので平滑筋ともいう。しかし，心筋は不随意筋でありながら，骨格筋と同じような横紋がみられるため，内臓筋であっても区別してよんでいる。

第2章　スポーツの生理学

## ② 骨格筋の構造

　骨格筋の構造を図2-10に示す。筋収縮は次のようにして起こる。図2-10中の筋原線維は，Z線で区切られた筋節が直列に連結してできている。この筋節には，アクチンとミオシンがあり，それぞれがお互いの隙間に滑り込むようにして重なり合い，筋節の幅が短縮することによって筋収縮が起こる。

### 1────骨格筋の収縮様式
①等張性収縮：筋の長さが変わる収縮である。
　短縮性収縮：筋が短くなりながら力を発揮する収縮である。
　伸張性収縮：筋が引き延ばされながら力を発揮する収縮である。
②等尺性収縮：筋の長さを変えないで力を発揮する収縮である。
③等速性収縮：運動全過程にわたって，一定の速度で，最大限の力が発揮される収縮である。

### 2────筋線維のタイプ
　筋線維は，大別して速筋線維（FT）と遅筋線維（ST）に分けられる。速筋線維は，スポーツにおける素早い動作，短時間の力強い動作や運動をする時に働く筋線維であり，一方，遅筋線維は，長時間で持久的な運動において働く筋線維である。
　骨格筋は，この二つのタイプの筋線維が入り交じって構成されている。それぞれの筋線維の占める割合は，個人個人によって異なっており，より多く存在する筋線維の占める割合によってそれぞれの運動に適応性を示すという（図2-11）。図2-12に示すように短距離選手は，FT線維の占める割合が60％以上で，マラソン選手は，ST線維の占める割合が80％以上と非常に高い。また筋線維の比率は，遺伝的要因によって大きく決定され，後天的には変化しにくい性質をもつ。

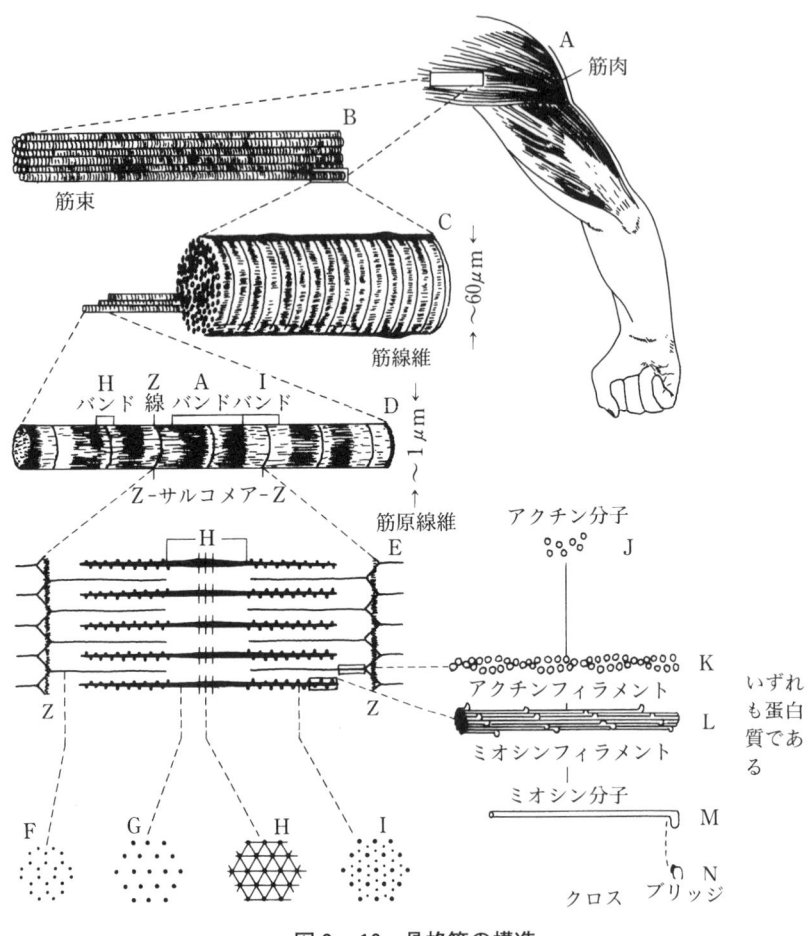

**図 2-10　骨格筋の構造**
Bloom, W. and D. W. Fawcett, A Textbook of Histology, Philadelphia, Saunders 1968

　FT線維はさらに2種類に細分され，FTa線維とFTb線維に分けられる。FT線維とST線維を比較するとそれぞれ，表2-2の様な特徴を持つ。
　FT線維では解糖によってATPを生産する能力（図2-13）が優れているが，疲労しやすく数分の収縮を続けると張力は著しく減少する。
　ST線維では酸化的リン酸によるATP生産能力（図2-13）が優れている。ま

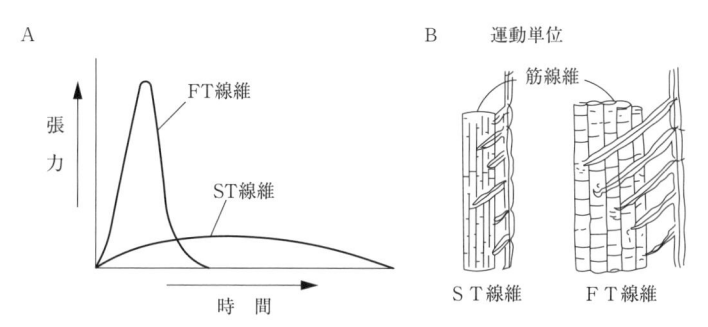

### 図2-11 STおよびFT線維の運動単位と機能特性

最大張力が発揮されるまでに要する時間はFT線維はST線維の約3/1である（図A）。その理由の一つとしてFT線維を支配している運動神経はST線維の運動神経より大きいことがあげられる（図B）。（フォックス）

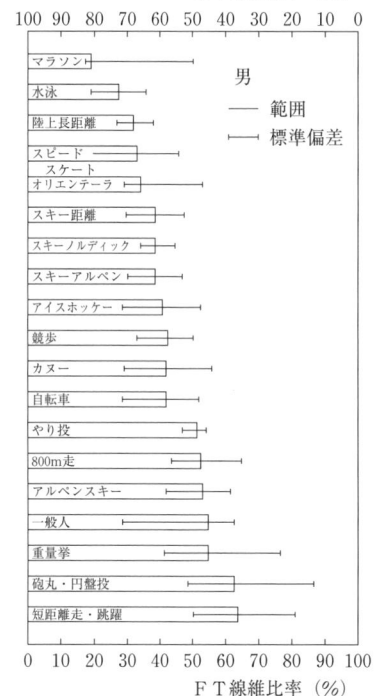

◀男性スポーツ選手の筋線維比率[2]

持久的種目の選手にはST線維の比率が高く，筋力，パワー種目の選手はFT線維の比率が高い。（Burkeたち，Costillたち，Gollnikたち，Komiたち，Thorstenssonたちの論文よりFoxがまとめる）

▼女性スポーツ選手の筋線維比率

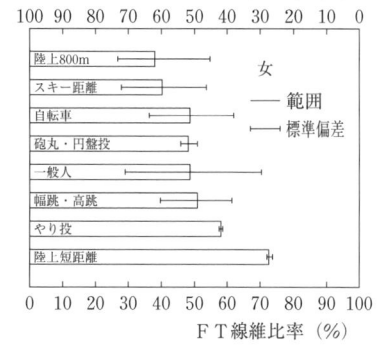

### 図2-12 スポーツ選手の筋線維比率

表2-2　筋線維の分類と特性

|  | 筋線維 |  |  |
|---|---|---|---|
|  | ST | FTa | FTb |
| 収縮速度 | 遅い ≪ | 速い ＝ | 速い |
| 酸化能力 | 高い ≫ | 中間 ＞ | 低い |
| 解糖能力 | 低い ≪ | 高い ＝ | 高い |
| 疲労耐性 | 高い ≫ | 中間 ＞ | 低い |

≫は大きな差異があることを，＞は差異があることを，＝はほとんど差異がないことを示す。

勝田茂　1999

た，疲労に対して高い耐性があり，1時間以上連続的に収縮しても張力は低下しない。

## ③ 運動エネルギー供給機構

　筋収縮のエネルギー供給は，図2-13に示すように多くの過程の組み合わせによって行われ，通常の運動でエネルギーは枯渇することがない。
　筋収縮の最も直接的なエネルギー源は，筋中に存在するアデノシン三燐酸（ATP）という高燐酸化合物が分解する時，放出する多量なエネルギーである。この遊離エネルギーの60％が筋収縮の機械エネルギーになり，40％は熱エネルギーに転換される。アデノシン三燐酸は分解するとアデノシン二燐酸（ADP）と無機燐酸（AMP）となる。筋収縮を繰り返すとアデノシン三燐酸の消費が多くなる。筋中のアデノシン三燐酸の蓄積には限りがあり，それを補充する働きが必要となる。アデノシン三燐酸を再合成する経路の一つは，クレアチン燐酸（CP）が分解してクレアチン（C）と燐酸（P）になる過程で，アデノシン三燐酸を合成するものである。この過程は，酸素を必要としないため無酸素性過程という。また乳酸の産生がみられないため，非乳酸性ともよぶ。
　もう一つの経路は，筋中のグリコーゲンが乳酸になる過程でアデノシン三燐酸を生産するものである。しかしある程度乳酸が蓄積されると，グリコーゲン

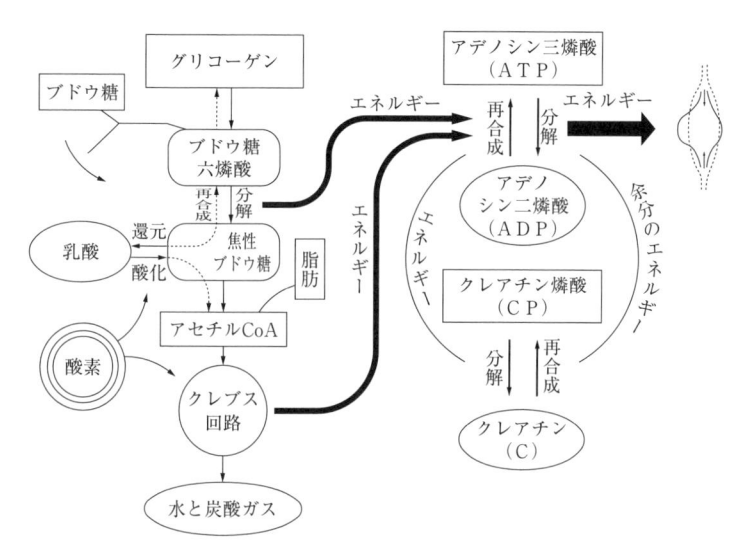

図2－13　筋活動のエネルギー供給システム（金子）

の分解は停止される。この過程は，酸素供給のない状態で乳酸が蓄積されるため，無酸素的過程－乳酸性という。

　酸素は，乳酸の分解や乳酸からグリコーゲンの再合成および脂肪酸が二酸化炭素と水に分解される過程において利用される。この過程は，酸素を利用するため有酸素的過程とよび，この過程で生産されるアデノシン三燐酸は，通常の運動では枯渇することはなく無限である。

　以上これらのエネルギー供給過程と運動時間との関係についてみると，図2－14に示すように，30秒以内の運動はATP－CP系のエネルギーから供給され，運動時間が30秒から1分30秒になると，ATP－CP系と乳酸系のエネルギー供給も動員される。さらに時間の経過とともに1分30秒から3分以内の運動では，乳酸系と有酸素系のエネルギーが供給され，3分以上続く運動では有酸素系のエネルギーが供給される。

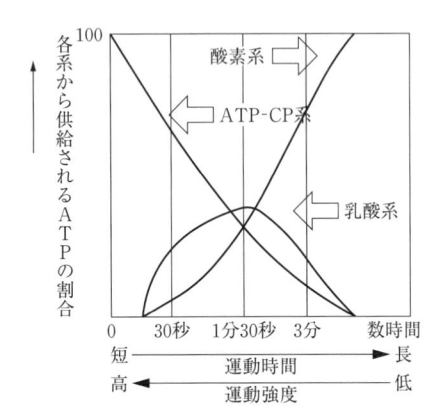

**図2−14 エネルギー供給系と競技時間および運動強度**
Fox, E. L., Sports Rhysiology, W. B. Saunders 1979

## 1──解　糖

　生体内でグリコーゲンやぶどう糖（グルコース）が無酸素状態で分解され（図2−15），乳酸やアデノシン三燐酸を産出する過程を解糖という。筋活動に伴う解糖は図2−13および図2−18に示すように複雑な化学的過程をたどる。この過程は種々の酵素が関与している。

## 2──乳酸閾値（LT）

　漸増負荷運動中に，血中の乳酸濃度が上昇しはじめる閾値をいう。図2−16に示すように一定時間ごとに運動強度を上げていくと，それまで安静時の値とあまりかわらなかった血中乳酸の濃度がある強度（閾値）を境に急激に増加しはじめる現象がみられる。運動強度と酸素摂取量が等しい過程から，エネルギー供給において有酸素系に加え，無酸素系が関与しはじめる点の運動強度であり，全身持久力の指標となる。

　近年，血液中の乳酸濃度を瞬時に測定できる機器が開発され，乳酸閾値の測定は容易になった。

第2章　スポーツの生理学

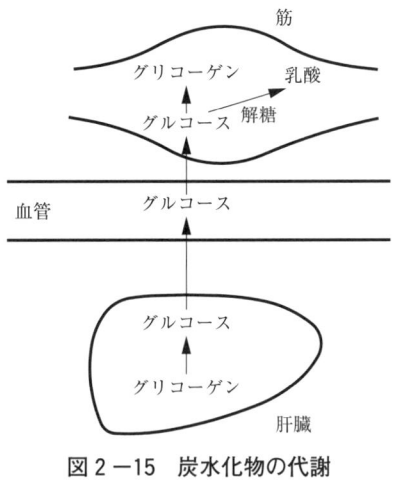

図2－15　炭水化物の代謝

勝田茂　1999

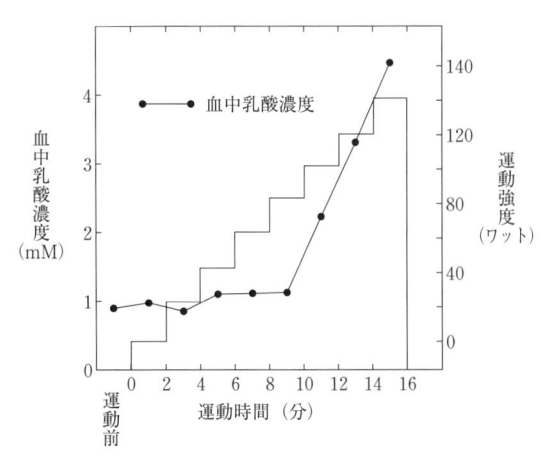

図2－16　乳酸閾値を説明する概念図

41

## 3────脂肪からのエネルギー産生

　飢餓状態や交感神経が興奮すると，脂肪組織の脂肪が分解されて脂肪酸とグリセロールができ，エネルギーを必要とする各組織の細胞へ運ばれる。脂肪酸は，細胞内のミトコンドリア内で酸化を受け，クレブス回路に入って酸化され，エネルギーを産生する（図2-17・18）。糖質（炭水化物），脂質，アミノ酸などが分解して生じる有機酸が，酸素存在下に完全に酸化されて二酸化炭素と水になる代謝経路である。この経路はトリカルボン酸回路（TCA回路）とよばれる。また，回路の初期にクエン酸を生じるため，クエン酸回路とよばれることもある。

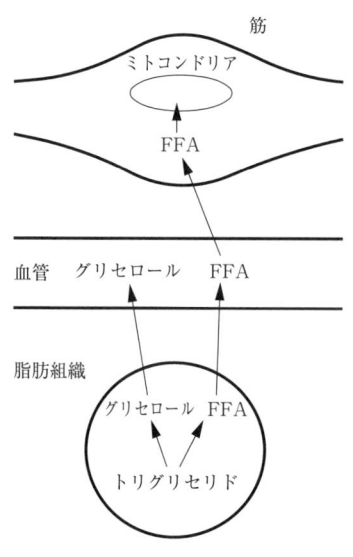

図2-17　脂質の代謝

勝田茂　1999

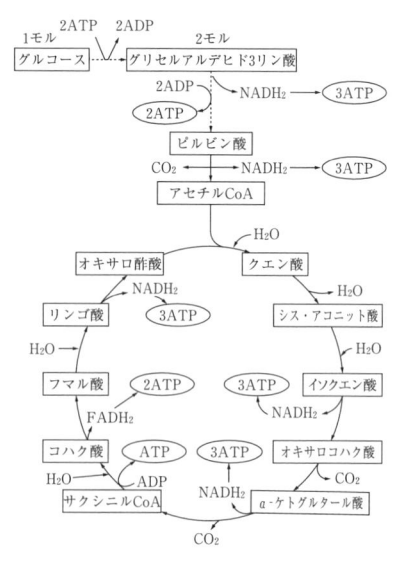

図2-18　クレブス回路

## ④ 無酸素運動と有酸素運動

### 1────無酸素運動

　無酸素性過程によって運動することであり，瞬間的に大きなパワーを発揮する運動は，酸素の供給がほとんど無い状態で行われる。すなわち初期酸素負債が，最大酸素負債量を超過してしまい，長く持続できないような運動を無酸素的運動という。具体的には100m疾走，ウエイトリフティング等があげられる。

### 2────有酸素運動

　運動に必要な酸素が呼吸により十分摂取可能で，酸素需要と呼吸による酸素摂取量が等しい状態（定常状態）を長く維持できる運動をいう。この有酸素運動を遂行するには，肺，心臓，血管系，筋肉などの機能を効率的に活用することが必要であり，それはこれらの器官の機能を改善したり，高めることにつながる。したがって定常状態が続くような有酸素運動は，健康づくりに適している。

　有酸素運動であっても，運動の初期にあっては無酸素的過程が利用される。この過程は筋細胞の内部の基質だけで行われる。この反応は極めて速やかに行われるため，エネルギーの供給が迅速である。このため運動の初期は，必ずこの過程が利用される。運動を開始して2～3分経過すれば，筋細胞への酸素の供給が盛んになり，有酸素エネルギーが利用されるようになる。

## 第3節────運動と骨格

　人体は，206本の骨と200余の関節から構成される（図2-19）。これらの骨格は，次のような重要な機能を備えている。①身体の形と構造をつくる。②体内部の器官を保護する。③血液細胞をつくる。④カルシウムおよび燐を蓄える。⑤身体運動のてこおよび関節として機能する。

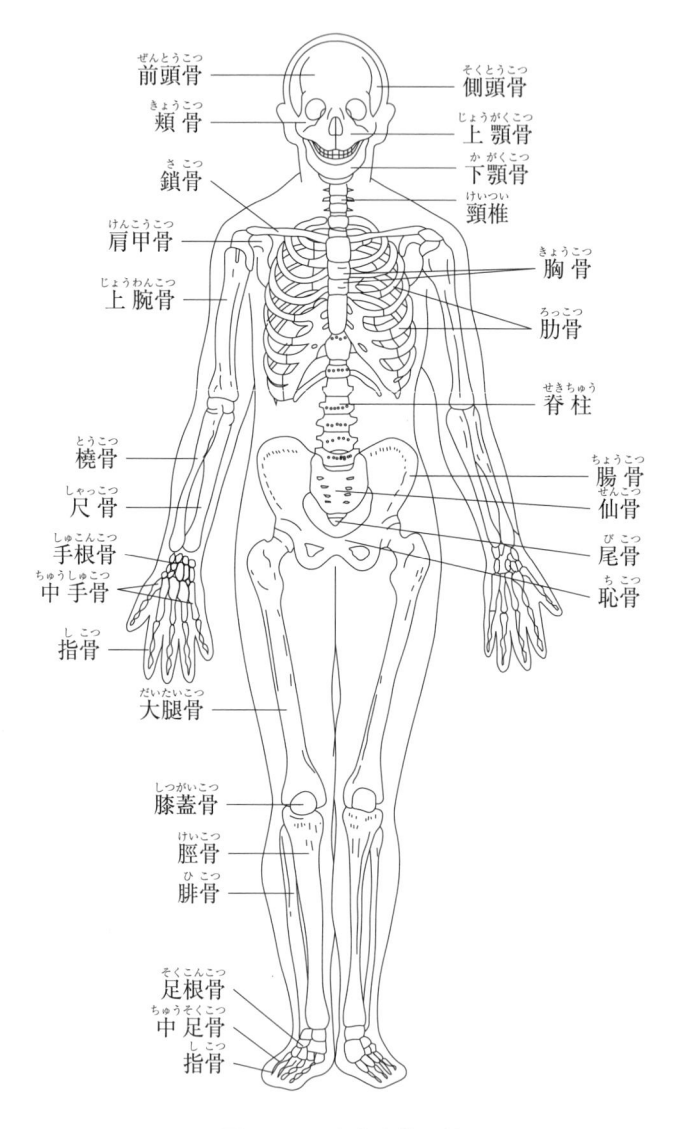

図2−19　主な人体の骨

宮下充正他編『フィットネスＱ＆Ａ』南江堂　1989

骨の構造は通常，図2-20に示すように，骨質，軟骨質，骨髄および骨膜の組織から構成される。骨質は緻密質と海綿質とからなる。軟骨は骨端部と関節面にあり，骨端軟骨，関節軟骨からなり，関節軟骨は，関節の弾性緩衝帯として関節面を保護している。骨髄は骨質の間を満たしている物質であり，造血作用を営む赤色骨髄と，その働きを失い脂肪化した黄色骨髄とに分けられる。骨細胞は，常に破壊と修復が繰り返され，古い骨細胞を破骨細胞が破壊し，骨芽細胞が新しい骨細胞をつくる。このように常に破壊と修復が繰り返され，おおよそ2年半ですべての骨細胞が入れ変わる。骨には，圧（運動によるストレス）を加えると電気が流れるという圧電極性があり，この電気刺激が，骨芽細胞と破骨細胞の活動を活発にする。この結果，骨密度が高くなり丈夫な骨がつくられる。運動が必要とされる所以である。

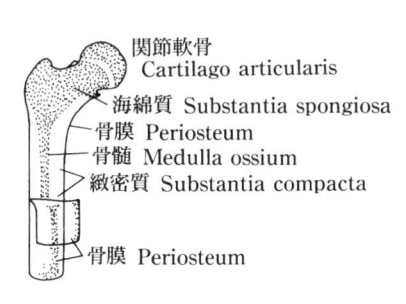

図2-20 骨（大腿骨）の内部構造
藤田恒太郎『人体解剖学』南江堂 1965

## 1 関 節

関節はその動きの量を基準に，不動関節（動かない関節）と可動関節（よく動く関節）とに分類される。不動関節は，頭蓋骨関節がその代表例である。図2-21は，可動関節の内部構造であるが，可動関節は動きそのものが自由である。骨端は一方が凹をなし，他方が凸をなしている。これらの表面は薄い軟骨層でおおわれているため両者の動きは滑らかで，かつ弾性がある。関節全体は

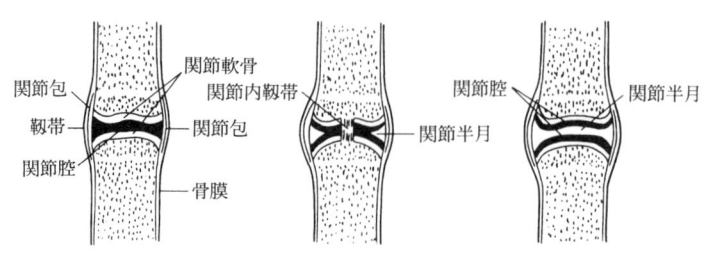

図2−21　関節の内部構造
出典　図2−20に同じ

関節包で包まれ，これを関節腔という。その内面は滑液が満たされ，潤滑油のように浸して摩擦を少なくしている。関節の結合は，ほかに靭帯，筋，皮膚によっても保護されており，また関節腔は常に陰圧になっているので結合は強い。

関節の可動範囲と柔軟性は，①関節をつくっている骨の仕組み，②関節の近くにある筋や皮下脂肪など軟部組織の厚さ，③筋，腱，靭帯の弾力性等によって決定される。例えば膝関節は180度以上伸展しないが，これは骨の仕組みからくるものである。

## ② 関節とてこの作用

筋は関節にまたがって付着しているため，筋の収縮によって生じた力は骨に伝わり，関節を中心としててこの働きにより力が外部に伝わる。筋収縮によって生じた力は，関節軸を支点として力のモーメントが発生する。てこには三つの型がある（図2−22）。

✻ 第1のてこ

支点（関節，F）は力点（筋，P）と重点（重量，W）の間にあり，もっとも効率のよいてこの形式である。シーソーのようなてこである。

例　第1頸椎と頭部の動き，肘関節の伸展動作，足が宙に浮いている状態での足関節の足底屈（足首を伸ばす）動作など。

### ✼ 第2のてこ

重点（W）が支点（F）と力点（P）の間にある。1輪車を押す時のようなてこである。動きでは損をするが，発揮した力よりも大きな力を与える（あるいは支える）ことができるてこの形式である。この形式は，人においてはほとんどみられない。

**例**　足関節における，歩行や起立位でつま先立ちするような動作。

### ✼ 第3のてこ

力点（P）が支点（F）と重点（W）の間にあり，人でもっとも多くみられるてこの形式である。しかし，力点と支点の距離が重点と支点の距離よりも短いことから，力では損をするが動きの距離やスピードでは得をする。

**例**　肘関節の屈曲，膝関節の伸展動作など。

人の動きは，これらのてこの働きによりさまざまな関節を可動させることにより生み出される。

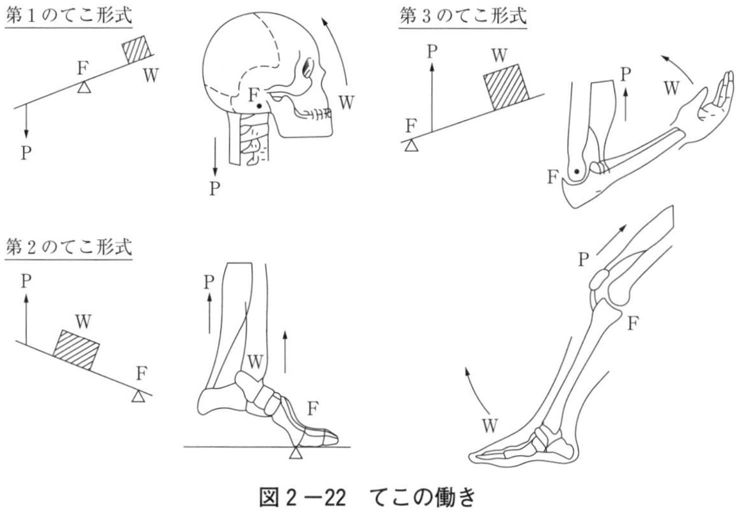


**図2－22　てこの働き**

出典　市川宣恭編『スポーツ指導者のためのスポーツ外傷・傷害』南江堂　1987

## 第4節── 運動と神経

　身体運動における神経系の役割は非常に大きく，我々の意志活動は，神経支配を通じて筋・骨格系の働きとして発現される。人体の神経系は，形態学的立場から分類すると，中枢神経系と末梢神経系に大別される。中枢神経系は脳と脊髄であり，末梢神経系は，中枢神経系と身体の諸部分とを連絡する神経で，脳脊髄神経（脳神経と脊髄神経）と自律神経（交感神経と副交感神経）とに分けられる（図2-23）。

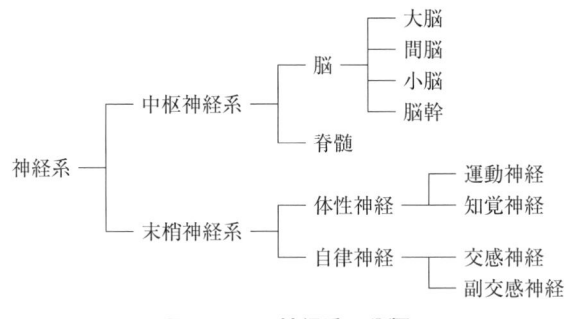

**図2-23　神経系の分類**

```
                    ┌─ 脳 ─┬─ 大脳
                    │      ├─ 間脳
        ┌─ 中枢神経系 ─┤      ├─ 小脳
        │           │      └─ 脳幹
        │           └─ 脊髄
神経系 ─┤
        │           ┌─ 体性神経 ─┬─ 運動神経
        │           │           └─ 知覚神経
        └─ 末梢神経系 ─┤
                    └─ 自律神経 ─┬─ 交感神経
                                └─ 副交感神経
```

　巧みな運動を遂行するためには，神経系の働きが不可欠である。巧みな身体運動を発現するためには脳脊髄神経系が，また運動を遂行する生理的条件を整えるためには自律神経系が，重要な役割を果たしている。

　神経の基本的な単位は神経細胞であり，これをニューロン（neurone）という。ニューロンは細胞体と樹状突起と軸索からなる。細胞体は核を持ち，ニューロンの特徴である多くの樹状突起と，1本の長い軸索を有する。これを神経線維という。神経線維は筋線維にまで達していて，インパルス（神経衝撃）を伝達する働きを持つ。

　自律神経系は交感神経と副交感神経とからなり，この両者の働きのバランスによって，身体の機能が制御されている。自律神経によって支配されている機

能は，呼吸，循環，消化，排泄，生殖などで，平滑筋，心筋，腺細胞などが直接その影響を受けている。運動時においては，交感神経が機能亢進し，呼吸循環系などの生体諸機能が運動に適応できるように調整し，一方で，直接運動に関係のない機能は，相対的に抑制する。これに加えて副交感神経自体の機能も低下するなど，運動時の自律神経系は合目的的に働いている。

## ① 随意運動

随意運動にかかわる神経の走行経路には，図2－24の示すように錐体路系とよばれる神経経路が関与し，大脳皮質運動野から発した刺激（命令）が脳幹，脊髄を下行し，ニューロンをかえして運動神経に接続する。随意運動は，この経路によって骨格筋を支配し，筋の収縮を引き起こすことによって行われる。

錐体外路系は，大脳皮質の一部や皮質下の大脳基底核などに起始部を有し，大脳内で神経を継ぎかえて下行する走行経路である。この神経経路は，錐体路系による随意運動を円滑に行うために必要となる。例えば運動の熟練者は，無意識に秩序だてた動きが可能で，意識レベルが関与すると運動がぎこちないことがある。このような無意識に行われる高度な技術を要求される運動や動作をコントロールしているのがこの経路である。

## ② 反射運動

身体運動には，随意運動と不随意運動とがあり，随意運動の発現には随意要素と反射要素が融合し協調し合っている。不随意運動は反射運動ともいわれ，感覚刺激が意識を伴わないで運動を引き起こすが，それでも上位中枢からの影響を受けている。反射刺激の伝達経路を反射弓（reflex arc）という。反射は，感覚受容器で受け取られた刺激が求心性神経，中枢神経系，遠心性神経を経て効果器に伝えられて反応を起こす。

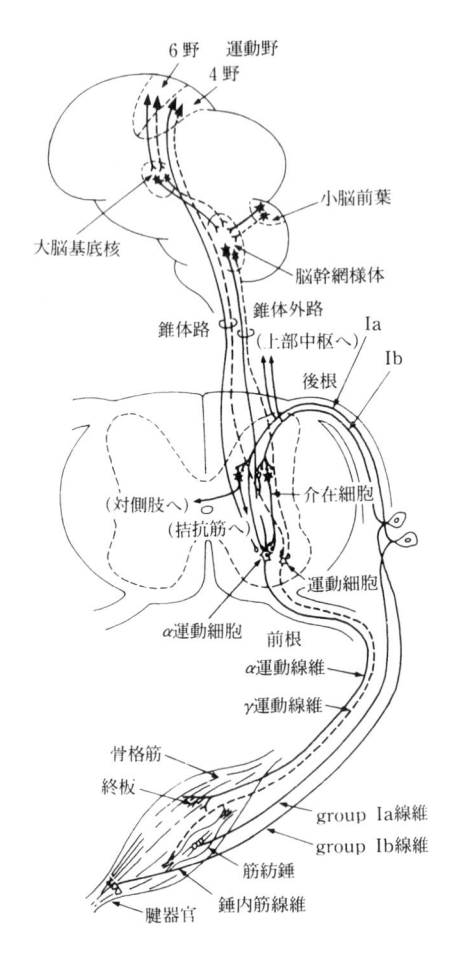

図2-24　神経系の概要

⟨1　脊髄反射⟩

　反射の中枢が脊髄にあるものをいう。

①伸張反射：筋が引き伸ばされるとその筋の収縮が起こり，筋を一定の長さに保とうとする。膝蓋腱反射がこれにあたる（図2-25）。

②屈曲反射：四肢の皮膚を強く刺激した時，その肢の屈筋が収縮して刺激から逃れようとする反応である（図2-26）。

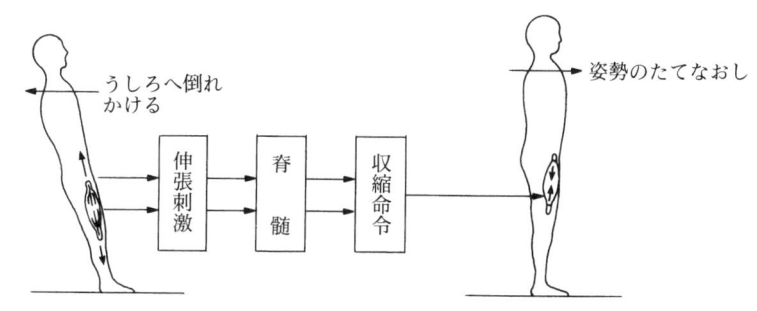

筋が伸張されると，その刺激は脊髄を介して同じ筋にフィードバックされ，この筋を収縮させる。

図2-25　伸張反射（湯浅原図，1986）
福永哲夫『コーチングの科学』朝倉書店　1985

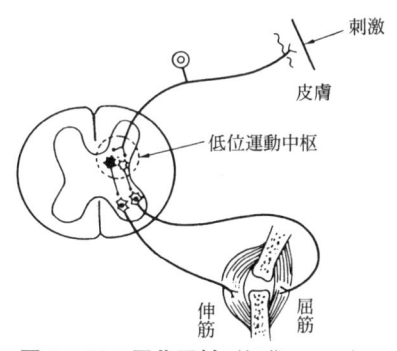

図2-26　屈曲反射（伊藤　1972）
出典　図2-25に同じ

〈2　脳幹における反射〉

さらに高位の延髄や中脳を中枢とする。

①姿勢反射：歩行や走運動をする際に拮抗筋が速やかに交替して活動するための相反神経支配やスポーツのフォームにみられる姿勢の調整にあたり，機能している（図2-27）。

②頸反射：頸を曲げる方向によって姿勢を自動的に変える。例えば頸を右側に回して顔を右に向けると，右肢の伸筋が緊張し，左肢の伸筋が弛緩する。

図2－27　運動中にみられる姿勢反射（福田，1957より浅見作図）
出典　図2－25に同じ

〈3　運動技術の熟練〉

　自転車に乗れるようになるには，うまくバランスをとりながらペダルが踏めるようになるまでかなりの時間がかかる。しかし，うまく乗れるようになれば，どのようにして乗ろうかなどと意識せずに乗ることができる。すなわち，運動技術の熟練とは反復練習によって，意識の基での動作（随意動作）から無意識の基での動作（反射化＝自動化）へと改善されていくことである。

　また，運動技術の熟練は球技スポーツにもみられるように，相手の動作（刺激）に対して反応するのみでなく，さまざまな情報を基に直接的な刺激がなくても予測に基づいた自発的動作（フィードフォワード）ができるようになる。

# 第5節——運動と心肺機能

　日常生活においては，1分間におおよそ200～300mlの酸素が必要である。酸素は，呼吸により肺に取り込まれ肺胞において血液中に拡散し血中のヘモグロビンに結合して諸器官の細胞へと運ばれる。運動を開始すると，筋活動ととも

に体内への酸素の需要が増加する（図2-28）。このため呼吸数が増加し，多量の血液を送るために心拍数が増加するとともに，心拍出量の増加がみられる。

　運動強度が中等度の場合は，酸素需要量と酸素摂取量とは一致する。これを定常状態という。定常状態での運動は，長時間持続させることができ，健康によい運動の強度といえる。運動強度が大きくなるにつれ，酸素摂取量が酸素需要量に追いつかなくなり酸素不足が生じるが，運動後に償却することで，酸素不足のまま運動を続ける。したがって運動時間は，短くなる。運動後には酸素を償却しなければならず，これを酸素負債という。最大酸素負債量は酸素の供給のない状態で行うことのできる作業能力の指標となる。

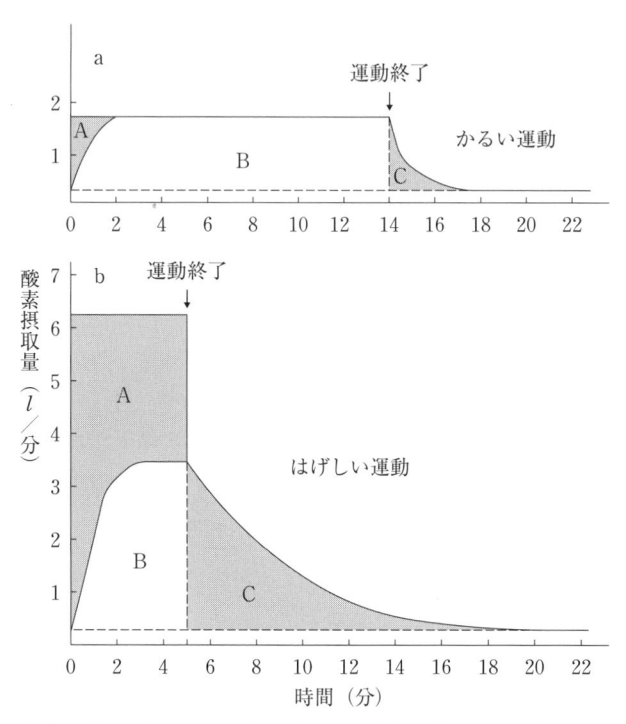

運動中摂取できなかった酸素は(A)，運動後に補われる(C)。
運動後に過剰に摂取される酸素を酸素負債量という。

**図2-28　運動中の酸素摂取量(進藤，1973)**

# 1 酸素摂取

## 1 ──── 最大酸素摂取量（VO₂max）

運動中に体内に摂取される酸素摂取量の単位時間（1分間）当たりの最大値をいう。これは呼吸・循環機能の能力および有酸素性機構にかかわる持久的運動能力を示す指標として，広く用いられている。男女ともに20歳頃がピークとなり，加齢に伴って低下する。なお持久的な種目のスポーツ選手はこの値が非常に高く，一般人に比べて50〜70％も多い。

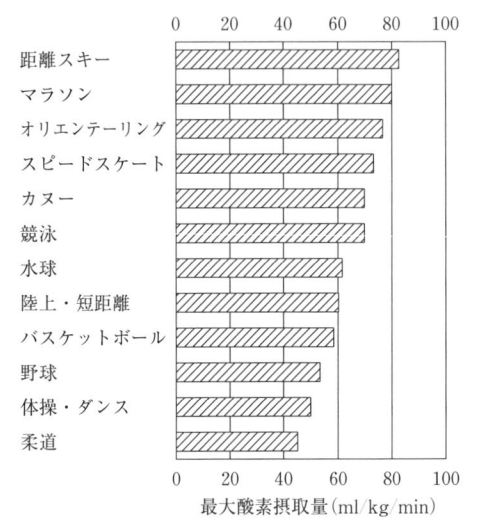

図2-29 一流スポーツ選手の最大酸素摂取量
（山地，1992を改編）

〈酸素の功罪－注目を集める活性酸素〉

運動中に体内に取り込まれた酸素は，筋組織へ運搬され，有酸素性のエネルギー産生過程に利用されることは先に述べた。酸素の電子対が崩れて反応性が高まり，活性化したものを活性酸素といい，スーパーオキシド，過酸化水素，ヒドロキシルラジカル，一重項酸素の4種類がある。これらの活性酸素は，反応性が高いので健康な細胞や酵素を損傷するため，酸素毒ともよばれている。運動によって体内への酸素摂取量が増すにつれて，活性酸素の生成は増加する。しかし生体は，発生した活性酸素を速やかに除去し，脂質の過酸化やDNA損傷を防御するとともに，修復する機構を備えている。したがって運動をすると，その際発生する活性酸素によって筋肉，内臓の炎症や損傷が蓄積するというおそれはなく，運動のストレスや体温上昇などの要因によって活性酸素による損

第2章　スポーツの生理学

傷が加わって，スポーツマンが短命であるという説の根拠は乏しい。

2────酸素負債量

運動中に摂取できなかった酸素を補うため，運動終了後では，しばらくの間安静時を上回る酸素が摂取される。この運動後に過剰に摂取される酸素を酸素負債という。最大酸素負債量はその最大値をいう。

## ② 運動と心臓

1────心拍数

心臓が単位時間に行う拍動数を心拍数という。心拍数は，心筋の興奮に伴う電気的変化（活動電位）を，胸部に張りつけた二点間の電極の電位差として増幅し，その時のR波（図2－30）を単位時間当たりに記録した数である。

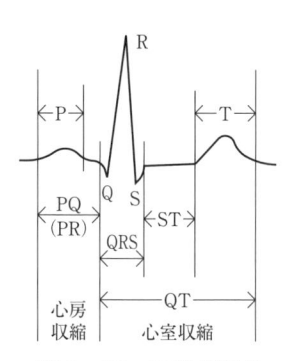

**図2－30　正常心電図**
朝比奈一男他『現代保健体育学大系7　運動生理学』
大修館書店　1969

2────脈拍数

血管は，心臓から送りだされた血液が血管内を流れる際，その圧力で拡張・収縮する。一般に頸動脈のように比較的表在性の動脈では，血管壁の振動を手で触診ができる。この数を単位時間当たりで計ったものを脈拍数という。

## 3 ── 心拍出量

　心臓から駆出される血液の量を心拍出量という。運動の開始とともに心臓の活動は高まり，それが激しくなるにつれ心臓から送り出される血液量（心拍出量）も，ほぼ比例的に増加する。この心拍出量の増加は，肺胞毛細血管を通過する血流量を増大させ，肺胞からの酸素拡散を速め，組織への酸素の運搬を容易にする。一般成人の1回の安静時拍出量は70～80mlで，最大運動値は110～120ml，持久的な運動選手になると安静時110～120mlで，最大運動時は150～200mlに達するという。

## 4 ── スポーツ心臓（athletic heart）

　スポーツ心臓とは一般に身体活動を継続的に行った結果起こる身体的・機能的・形態的変化を総称した概念である。つまり長期間にわたって持久的な激しいトレーニングを行ったスポーツマン（マラソン選手，スキー選手，ボート選手など）に心拡大が認められたのでこれをスポーツ心臓という。名づけたのはHenschen（1899年）である。スポーツマンの心臓は大きく，心容積の大きい人ほど，一般に心拍出量が多く，また最大酸素摂取量も多い。これらの心拡大のほとんどは，心機能が良好なこと，スポーツ中止により拡大の消失することなどにより，生理的現象による適応と考えられる。しかし中には病的な拡大（肥大型心筋症・心臓弁膜症）も希にあるので注意を要する。

# 第6節 ── スポーツ・運動の効果

　人間は外界に対して適応する能力を持っている。フランスの生物学者ルーは，生体諸機能に対して「能動性発達」「不能動性萎縮」「可能動性障害」をルーの法則として説いている。つまり人間の身体は適度に使えば発達する。運動を定期的に継続して実施していると，我々の身体は運動刺激に対して適応し，様々な変化が生じてくる。この変化の多くは，健康・体力にとって有益なものである。

第 2 章　スポーツの生理学

# 1 生理的効果

## 1 ── 筋組織への効果

①筋線維が縦裂し，筋線維の数が増加する。しかも肥大し，筋肉量が増大する。筋力は筋の断面積に比例するので，この変化は筋力の増大をもたらすことになる。

②筋組織の毛細血管が増し，筋血流量が増加することにより，筋への酸素運搬能力が向上する。この変化は筋持久力の向上につながる。

③筋組織内の呼吸系酵素の活性値およびミオグロビンが増加する。つまり筋組織レベルで，より有酸素的にエネルギーを供給できるようになる。

④筋組織内のエネルギー源であるアデノシン三燐酸，クレアチン燐酸，グリコーゲン等の貯蔵量が増加する。これは無酸素的運動能力の向上につながる。

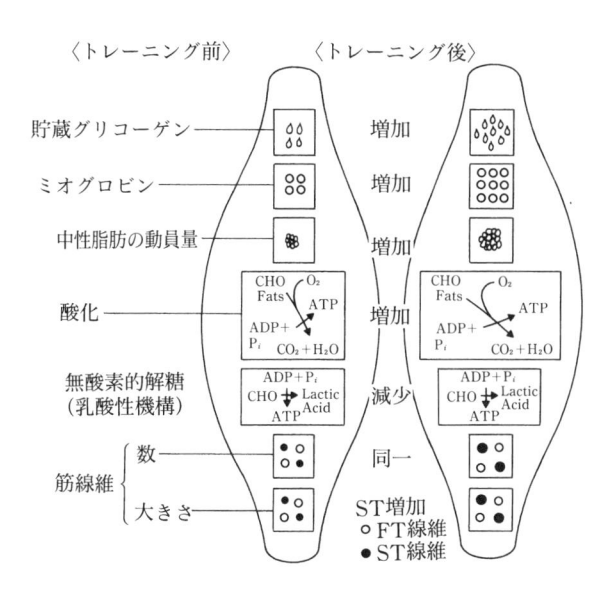

図 2 −31　骨格筋に対するロー・パワーのトレーニング効果
Fox, E.L., Sports Physiology, W.B. Saunders　1979

⑤神経系の改善により,今まで動員されなかった筋線維が新たに動員されるようになり,筋力が増す(図2-32)。

●　収縮している筋線維

○　収縮していない筋線維

筋断面

トレーニング前　　　　　トレーニング後

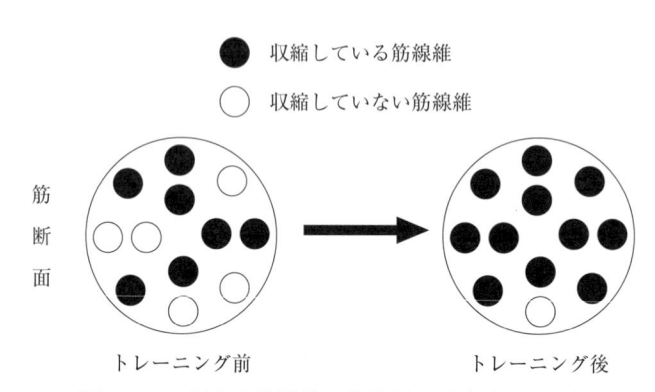

**図2-32　新たな筋線維の動員**(山田と福永,1996)

## 2────呼吸・循環系への効果

①最大運動時の心拍出量,一回拍出量,動静脈酸素較差が増加し,また最大換気量や肺拡散能力も増加する。このため肺からより多くの酸素を血液中に取り込み,それをより速く,より多く筋組織へ運搬できるようになる。その結果,最大酸素摂取量が増加し,有酸素的運動能力の向上がみられる。
②最大運動時の心拍数,血中乳酸値が減少する。これは同一の作業を行う場合,より有酸素的に作業が行えるようになったことを意味する。
③血液量,総ヘモグロビン量が増加することによって,より多くの酸素を血液中に取り込むことができ,有酸素的運動能力の向上につながる。
④心容積,心重量が増大し,心機能が強化され,スポーツ心臓が形成される。
⑤乳酸閾値(LT)が高まり,より高い強度の運動が長時間続けられるようになり,LTが高いほど持久性が優れている。

第 2 章　スポーツの生理学

## ② 体力に及ぼす効果

　前述のように，生理機能の変化は当然のことながら体力の向上をもたらすことになる。体力要素である筋力，スピード，持久性が強化され，総合的な体力の向上が得られる。

　文部省（現・文部科学省）が行った調査（図 2 – 33）をみると，よく運動を行う者とそうでない者とでは，明らかに前者の方が高い体力点を示していることがわかる。

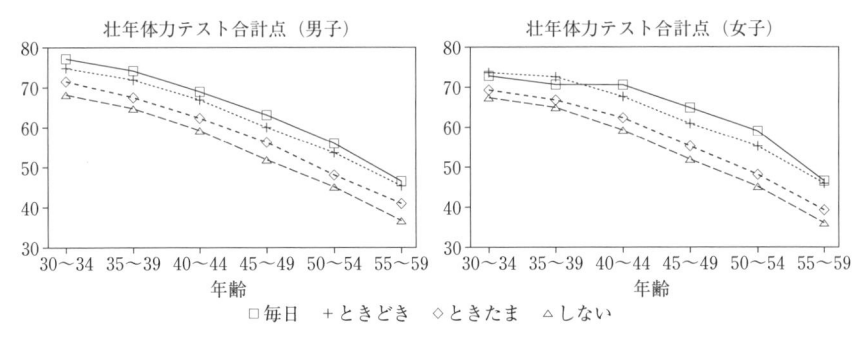

図 2 – 33　運動・スポーツの実施状況別壮年体力テストの合計点（文部省　1994）

## ③ 生活習慣病の予防に及ぼす効果

　生活習慣病は，40歳頃から発生しやすくなる慢性の病気の総称である。運動と密接な関係が認められるのは，冠動脈性疾患（心筋梗塞，狭心症）で，運動が予防に効果的であることが多くの研究で証明されている。また動脈硬化は，高血圧症や冠動脈性疾患を引き起こす原因にもなる。動脈硬化はコレステロールの動脈内壁沈着によって起こるといわれ，HDL-コレステロールは動脈硬化の進行を抑制する働きがあり，一方，過度のLDL-コレステロールは動脈硬化

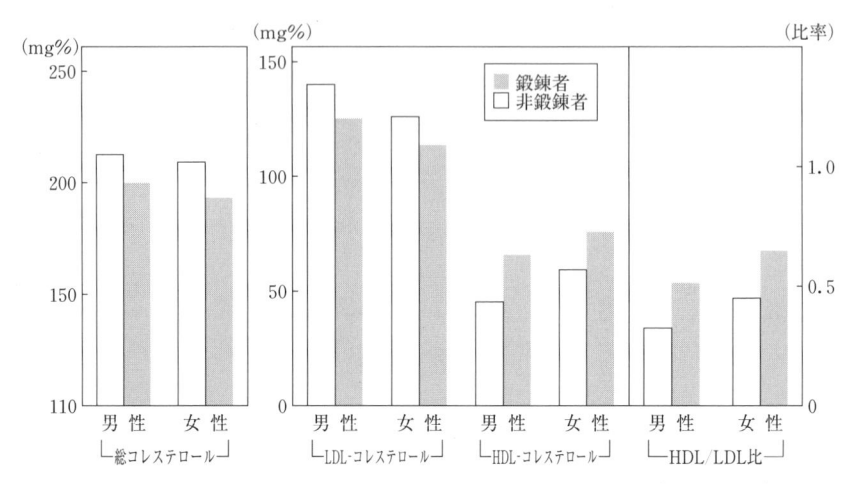

図2-34 鍛錬者と非鍛錬者のコレステロール及び動脈硬化指数(HDL/LDL)の比較
Woodら,1977の表を筆者が図示した

を促進するという。図2-34はランニングを行っている鍛錬者と運動を行っていない非鍛錬者の血清コレステロールの平均値を比較したものである。鍛錬者は非鍛錬者に比べて，LDL-コレステロール値が低く，HDL-コレステロール値が高い。日頃運動を行っている者は，動脈硬化を起こしにくい状態にあり，したがって日頃から運動を継続することは，動脈硬化の進行を遅らせることになる。この動脈硬化の予防は，高血圧症や心疾患の防止にもつながるものである。

## ④ 運動と寿命

スポーツ選手の寿命についての調査は，これまでにいくつか行われたが，研究方法の困難性から，現在もスポーツ選手の寿命が長いかどうかは明らかになっていない。過去に熱心にスポーツをした人の寿命が，そうでなかった人より有意に長いという報告と，両者間に差がないという報告があるからである。

寿命の長さに影響をおよぼす要因は数多く，若い時に運動したかどうかということはその中の一要因に過ぎないので，一定の結論がでにくいものと思われ

第2章　スポーツの生理学

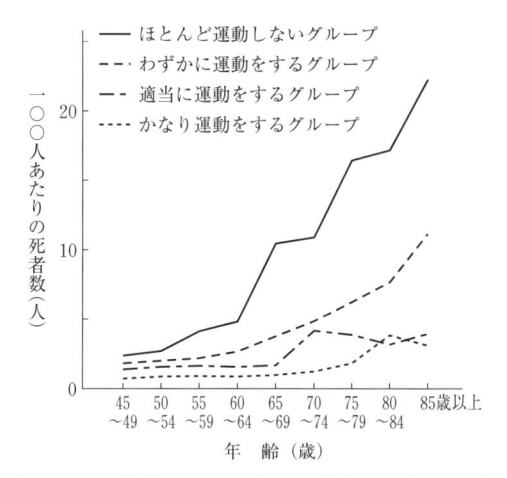

図2－35　運動する，しないで死亡率が違ってくる

E.C.ハモンド，L.ガーフィンケル『冠状動脈硬化症』1964

る。ただし大相撲力士は一般人より約10年短いことが知られている。

　スポーツ選手ではないが，運動の程度と死亡率についてみたものを図2－35に示す(男性対象)。運動をよく行っている者は運動を行っていない者より死亡率が低くなっており，しかも，この関係は高齢になるほど明確に現れている。したがって運動を継続することにより，死亡率を低下させ得ることになり，運動は寿命と深く関係しているといえよう。

## 5 自覚的な効果

　運動は，前述したように身体的な効果のみにとどまるものでなく，自覚的にも効果をもたらす。図2－36に示すように，1年間運動を継続した後，多くの自覚症状が半減したことを示す。このように運動は精神的ストレスなどによる不定愁訴を軽減することも見逃せない効果である。
　その他の効果として，肥満の防止，糖尿病の防止に運動の効果が認められており，さらに骨や靭帯の強化にも効果を発揮する。

61

図2-36　運動の効果（池上）

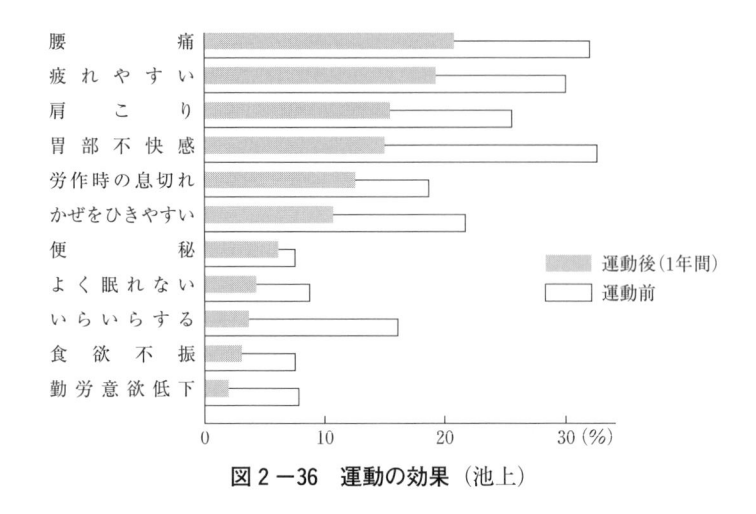

### 引用・参考文献

1）木村邦彦『保健体育指導選書　人体解剖学』大修館書店　1980
2）保志宏『ヒトの成長と老化』てらぺいあ　1993
3）東京大学教養部体育研究室『保健体育講義資料』東京大学出版部　1988
4）高石昌弘他『からだの発達』大修館書店　1981
5）高石昌弘他『スポーツと年齢』大修館書店　1977
6）金子公宥他「肘屈筋のパフォーマンスからみた神経・筋機能の発達」『体育科学』18　体育科学センター　1990
7）吉沢茂弘「子どもの持久力の発達」『保健の科学』Vol.33, 5　杏林書院　1991
8）松浦義行「日本人の体力は向上したか」『保健の科学』Vol.35, 9　杏林書院　1993
9）猪飼道夫『現代保健体育大系13　人生生理学』大修館書店　1977
10）黒田実郎『乳幼児発達事典』岩崎学術出版　1985
11）平山宗宏『保健体育指導選書　年齢と健康』大修館書店　1980
12）松浦義行『体力の発達』朝倉書店　1986
13）大国真彦『こどもの発達のみかた』ライフサイエンスセンター　1989
14）福崎千穂他「スポーツと成長発達」『小児科診療』Vol.57, NO.11　診断と治療社　1994
15）中川嘉洋「神経系のなりたち」『発達』No.25, Vol.7　ミネルヴァ書房　1986
16）新井清三郎他『人間発達』医歯薬出版　1972

17) 浅見俊雄『現代体育・スポーツ体系第10巻　健康・体力とスポーツ』講談社　1984
18) 大森正英他『新・健康の化学』中央法規出版　1990
19) 大森正英『健康管理概論』光生館　1992
20) 大森正英他編『実践健康学』中央法規出版　1992
21) 森基要他編『新スポーツ健康学』みらい　1993
22) 森基要他編『21世紀の健康学』みらい　1996
23) 日本体育協会『C級教師教本』1990
24) スポーツ医学基本用語ゼミナール『臨床スポーツ医学』Vol.5臨時増刊号　文光堂　1988
25) 中野昭一『図説生理学』医学書院　1981
26) 勝田茂編著『入門 運動生理学』杏林書院　1999

# 第3章 運動処方

## 第1節──体力の概念

　体力とは,「人間の生存と活動の基礎となる身体的及び精神的能力」という広い解釈と「人間の活動の基礎となる身体的能力」と身体的能力に限定した狭い解釈がある。いずれにしても我々が日々健康に過ごしていくために不可欠な能力といえる。体力は「身体的要素」と「精神的要素」とに分けられ,さらに身体的能力,すなわち行動を起こしたり,持続させたり,調節する能力を指している「行動体力」と,各種のストレスに対する抵抗力や,環境への適応能力などを指している「防衛体力」とに大別してとらえられることが多い（図3-1）。

　一般的に,体力を高めるための運動やトレーニングといった場合は「行動体力」を指しており,測定及び評価方法も多種多様にある。「防衛体力」の測定・評価については不明な点が多いが,「健康と体力」という観点から考えると重要な構成要素といえる。近年では特に運動不足が起因となってストレスに対する抵抗力が低下し精神障害などの有所見者が増えてきている。行動体力を高めることが防衛体力の向上にもつながるので積極的に身体を鍛えていくべきである。

## 第2節──運動処方

　医師が患者に対して薬を処方するように,運動も個人に合った内容で実施されなければならない。このように運動を実施する者の目的をより効率的・効果的に達成することができるように運動の内容を定めることを運動処方という。

　処方すべき運動の領域は運動をする者の身体条件や運動の強度によって異なり,どんな運動でも実践さえすればよいというものではない（図3-2）。

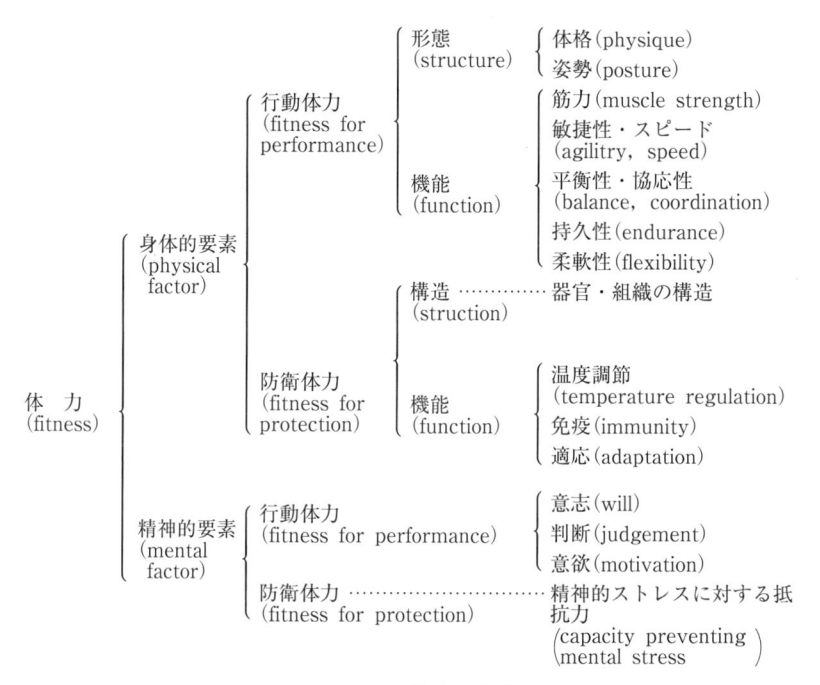

体力(fitness)
- 身体的要素(physical factor)
  - 行動体力(fitness for performance)
    - 形態(structure)
      - 体格(physique)
      - 姿勢(posture)
    - 機能(function)
      - 筋力(muscle strength)
      - 敏捷性・スピード(agilitry, speed)
      - 平衡性・協応性(balance, coordination)
      - 持久性(endurance)
      - 柔軟性(flexibility)
  - 防衛体力(fitness for protection)
    - 構造(struction)……器官・組織の構造
    - 機能(function)
      - 温度調節(temperature regulation)
      - 免疫(immunity)
      - 適応(adaptation)
- 精神的要素(mental factor)
  - 行動体力(fitness for performance)
    - 意志(will)
    - 判断(judgement)
    - 意欲(motivation)
  - 防衛体力(fitness for protection)……精神的ストレスに対する抵抗力(capacity preventing mental stress)

**図 3 − 1　体力の構成**

猪飼道夫『日本人の体力』日本経済新聞社　1967

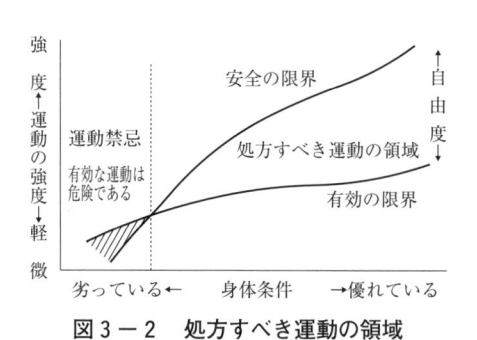

**図 3 − 2　処方すべき運動の領域**

小田清一『健康づくりのための運動ハンドブック』第一出版　1987

健康や体力づくりを目的として行う運動の基本は，
①安全であること（安全性）
②効果があること（有効性）
③継続できること（継続性）
であり，日常生活の中に習慣化されるものでないとその効果は期待できない。

運動を習慣化することは容易なことではないが，運動の必要性を理解し自分に合った方法で実践していくことが大切である。

具体的な処方内容は目的によって異なるが，ここでは健康・体力づくりをねらいとした運動処方について述べる。

## 1 運動種目を決める

一般には好きな種目を選択して構わない。好きな種目があるということはとてもよいことで，運動の継続性を考えると望ましい。しかし，特別これといったものが思いあたらない場合には有酸素的な運動を実施することをすすめる。一人でも気軽に始められるような「ウォーキング」や「ジョギング」「サイクリング」などがよいだろう。ここで無酸素的な運動の選択は望ましくない。

## 2 運動の強さを決める

どのぐらいの強さの運動をしたらよいかと聞かれると，現在持っている有酸素能力（1分間に摂取することができる最大の酸素量）の50〜70％を消費するぐらいの運動ということになるが，なかなか厳密に強度を設定することは難しい。もちろんそのような測定が可能な運動施設に行けば処方してもらえるが，一般的ではない。そこでおおよその目安として活用できる方法を紹介しておくので参考にしてもらいたい。
①　ウォーキング・ジョギングによるもの
体育科学センターでは数多くの科学的資料に基づいて，運動強度と時間の組

み合わせを表3－1のように設定し，この表と12分間走テスト（12分でどれだけ走れるか，あるいは歩けるか）の結果に合わせて表3－2により，その人の処方スピードを求める。

表3－1　走・歩運動における運動強度と運動時間の組み合わせ

| 時　　間（分） | 5 | 10 | 15 | 30 | 60 |
|---|---|---|---|---|---|
| 運動強度[最大酸素摂取量に対する%] 軽いトレーニング | 70 | 65 | 60 | 50 | 40 |
| 中等度のトレーニング | 80 | 75 | 70 | 60 | 50 |
| 強いトレーニング | 90 | 85 | 80 | 70 | 60 |

体育科学センター　1976（表3－2も同じ）

② 心拍数によるもの

　最大酸素摂取量に対する運動強度の割合と心拍数との相関が高いことを利用して，心拍数を使って運動強度の目安としている。近年心拍測定機器が廉価で購入できるようになり，活用されている。表3－3は運動強度と年齢別による心拍数との関係を示したもので，表中の点線囲みの部分が運動処方の対象となる運動条件である。

③ RPE（自覚的運動強度）によるもの

　持久的な運動（マラソンなど）の場合に，RPE（標示の点数）を10倍したものが心拍数に近い数になるように工夫されている。実際には心拍数と運動強度の関係は個人差や運動の内容による差が大きく，一律にこれを当てはめるのは危険が伴う。自覚的な症状のチェックとしては有効であろう。

④ クーパーの点数方式によるもの

　各種の運動に対して，その運動強度と運動時間に応じて必要なエネルギー量を基にした点数を定めている。そして各種の運動を実施した点数をカウントし，1週間に30点以上になるように運動をすることを推奨している（表3－5）。

表3－2　12分間走テストから処方強度に相当する走（歩）行速度を求める表　　　（単位：m／分）

| 12分間走テスト(m) ＼ 処方強度(%) | 40 | 50 | 60 | 70 | 80 | 90 | 100 |
|---|---|---|---|---|---|---|---|
| 1,200 | 50 | 60 | 70 | 85 | 95 | 110 | 120 |
| 1,300 | 50 | 65 | 80 | 90 | 105 | 115 | 130 |
| 1,400 | 55 | 70 | 85 | 95 | 110 | 125 | 140 |
| 1,500 | 60 | 75 | 90 | 100 | 115 | 130 | 145 |
| 1,600 | 60 | 80 | 95 | 110 | 125 | 140 | 155 |
| 1,700 | 65 | 85 | 100 | 115 | 130 | 150 | 165 |
| 1,800 | 70 | 90 | 105 | 125 | 140 | 160 | 175 |
| 1,900 | 75 | 95 | 110 | 130 | 150 | 165 | 185 |
| 2,000 | 75 | 95 | 115 | 135 | 155 | 170 | 190 |
| 2,100 | 80 | 100 | 120 | 140 | 160 | 180 | 200 |
| 2,200 | 85 | 105 | 125 | 145 | 170 | 190 | 210 |
| 2,300 | 90 | 110 | 130 | 155 | 175 | 200 | 220 |
| 2,400 | 90 | 115 | 140 | 160 | 185 | 205 | 230 |
| 2,500 | 95 | 120 | 140 | 165 | 190 | 210 | 235 |
| 2,600 | 100 | 125 | 145 | 170 | 195 | 220 | 245 |
| 2,700 | 100 | 130 | 155 | 180 | 205 | 230 | 255 |
| 2,800 | 105 | 135 | 160 | 185 | 210 | 240 | 265 |
| 2,900 | 110 | 140 | 165 | 195 | 220 | 250 | 275 |
| 3,000 | 110 | 140 | 170 | 200 | 225 | 250 | 280 |
| 3,100 | 115 | 145 | 175 | 205 | 230 | 260 | 290 |
| 3,200 | 120 | 150 | 180 | 210 | 240 | 270 | 300 |
| 3,300 | 125 | 155 | 185 | 215 | 250 | 280 | 310 |
| 3,400 | 130 | 160 | 190 | 225 | 255 | 290 | 320 |
| 3,500 | 130 | 165 | 195 | 230 | 260 | 295 | 325 |
| 3,600 | 135 | 170 | 200 | 235 | 270 | 300 | 335 |

注　100～120m／分以下では歩行運動となる。

## 第3章　運動処方

表3-3　運動強度と年齢別心拍数との関係（拍／分）

| 強度（％）＼年齢（歳） | 20～29 | 30～39 | 40～49 | 50～59 | 60～ |
|---|---|---|---|---|---|
| 100 | 190 | 185 | 175 | 165 | 155 |
| 90 | 175 | 170 | 165 | 155 | 145 |
| 80 | 165 | 160 | 150 | 145 | 135 |
| 70 | 150 | 145 | 140 | 135 | 125 |
| 60 | 135 | 135 | 130 | 125 | 120 |
| 50 | 125 | 120 | 115 | 110 | 110 |
| 40 | 110 | 110 | 105 | 100 | 100 |

体育科学センター　1976

表3-4　自覚的運動強度（PRE）判定表

| | | |
|---|---|---|
| 6. | | |
| 7. | very very light | 非常に楽である |
| 8. | | |
| 9. | very light | かなり楽である |
| 10. | | |
| 11. | light | 楽である |
| 12. | | |
| 13. | fairly hard | ややきつい |
| 14. | | |
| 15. | hard | きつい |
| 16. | | |
| 17. | very hard | かなりきつい |
| 18. | | |
| 19. | very very hard | 非常にきつい |
| 20. | | |

自覚的なしんどさを6～20の数値によって表す。
その値を10倍したものは心拍数にほぼ一致する。

池上晴夫『新版　運動処方』朝倉書店　1996

表3-5　歩行・ランニングの点数表

| 2,000メートル | 点 | 3,000メートル | 点 | 5,000メートル | 点 |
|---|---|---|---|---|---|
| 分　秒　分　秒 | | 分　秒　分　秒 | | 時間　分　秒 | |
| 25　00 - 18　10 | 1 1/4 | 37　25 - 27　10 | 1 7/8 | 1　02　30　以上 | 1 1/2 |
| 18　09 - 15　00 | 2 1/2 | 27　09 - 22　30 | 3 3/4 | 時間　分　秒　分　秒 | |
| 14　59 - 12　30 | 3 3/4 | 22　29 - 18　45 | 5 5/8 | 1　02　29 - 45　20 | 3 1/8 |
| 12　29 - 10　00 | 5 | 18　44 - 15　00 | 7 1/2 | 45　19 - 37　30 | 6 1/4 |
| 9　59 - 8　10 | 6 1/4 | 14　59 - 12　10 | 9 3/8 | 37　29 - 34　15 | 11 1/2 |
| 8　09 - 7　10 | 7 1/2 | 12　09 - 10　45 | 11 1/4 | 31　14 - 25　00 | 14 1/2 |
| 7　10　以下 | 8 3/4 | 10　45　以下 | 13 1/8 | 24　59 - 20　20 | 17 3/4 |
| | | | | 20　19 - 18　00 | 20 3/4 |
| | | | | 18　00　以下 | 24 |

## ③ 運動する時間を決める

　運動に効果を期待する場合は，その運動を一定時間続けなければならない。運動をはじめて3～5分ぐらいすると定常状態に達する。その状態が続くことで運動の効果が期待できるので5分以内の運動では不十分である。あとは運動の強さによって調整すればよい（例：軽い運動なら40～50分程度，中等度の運動なら30分程度，強い運動なら20分程度）。

## ④ 運動の頻度を決める

　1週間にどのぐらい運動すればよいか，すなわち頻度を決める。毎日実施できれば理想的であるが，効率を考えて実施するなら週2～3回が適当である。
　運動処方において，実施者がより効率的・効果的に運動を実施できるようにするためには運動をはじめる前の段階でさまざまなデータを集めることが必要である。図3－3は運動処方の基本的な流れを示したものである。メディカルチェックは運動を実施することでケガをしたり病気になるようなことはないか，

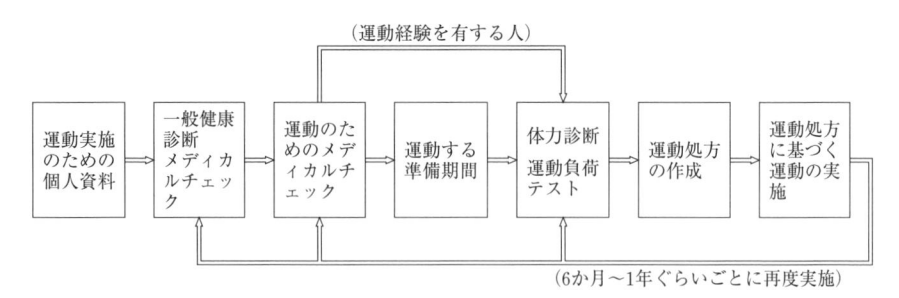

**図3－3　運動処方の手順**
体育科学センター編『健康づくり運動カルテ』講談社　1977

身体の各組織や各臓器の形態・機能を医学的に検索することをいう。その主な内容は，個人の既往歴・家族歴・生活状況・運動歴などの問診による調査の他，一般の健康診断，さらには運動負荷検査を含めた内科的メディカルチェックと筋肉や骨，関節，腱や靱帯などの状態を検査する整形外科的メディカルチェックとがある。特に日頃運動経験のない人や久しぶりに取り組もうとしている人はメディカルチェックの後に運動する準備期間が必要で，徐々に身体を慣らしていかないと，かえって無理をしたり支障をきたしたりする場合がある。体力診断テストおよび運動負荷テストは，測定項目によっては特別な器具が必要になるため一般的には難しいと思われるが，現時点での自分の体力や生理的限界を把握するという意味で実施してもらいたい。

表3－6　新・体力診断テスト項目

| 12～19歳 | 20～64歳 | 65～79歳 |
|---|---|---|
| 握力 | 握力 | 握力 |
| 上体おこし | 上体おこし | 上体おこし |
| 長座体前屈 | 長座体前屈 | 長座体前屈 |
| 50M走 | 反復横とび | 開眼片足立ち |
| 立ち幅跳び | 立ち幅とび | 10M障害物歩行 |
| ハンドボール投げ | 急歩　または | 6分間歩行テスト |
| 持久走　または<br>　20Mシャトルラン | 20Mシャトルラン | ＡＤＬ |
| 反復横とび | | |

資料　文部科学省スポーツ・青少年局「新・体力診断テスト実施要項」

# 第3節──トレーニングの種類と計画

## 1 トレーニングとは

　トレーニングとは,「訓練」または「鍛錬（身体を鍛えること)」という意味があり，体育・スポーツの分野においては体力の向上を目的として行う身体運動のことをいう。
　先に述べたように体力といってもその概念は幅広く，ここでいうトレーニングによって鍛えられる体力は行動体力としてとらえられている部分である（第1節参照)。さらに，運動刺激だけでなく環境もトレーニングの効果に特殊な影響をもたらすこともある。したがって，トレーニングとは与えられた環境の中で運動刺激を繰り返すことにより生体を環境や運動刺激に適応させ，さらに適応能力を高める手段といえる。
　トレーニングを実施するにあたっては，その効果を効率よく得るためにトレーニングにおける原理・原則を理解しておくことが大切である。

## 2 トレーニングの原理

### ✻ オーバーロード（Over load）の原理
　生体に与える刺激は一定水準以上の運動負荷でなければならない。与えられた刺激が弱すぎては身体に変化（トレーニング効果）を起こすことはできないのである。

### ✻ 特異性の原理
　トレーニングによる適応には特異性があり，筋力を高めるためには筋力トレーニングを実施しなければならないし，持久力を高めるためには持久力向上のためのトレーニングを実施しなければならない。

第3章　運動処方

✿　可逆性の原理

トレーニングによって得られた効果はそれらを中止することによって可逆的に変化し，もとに戻ってしまう（図3－4）。

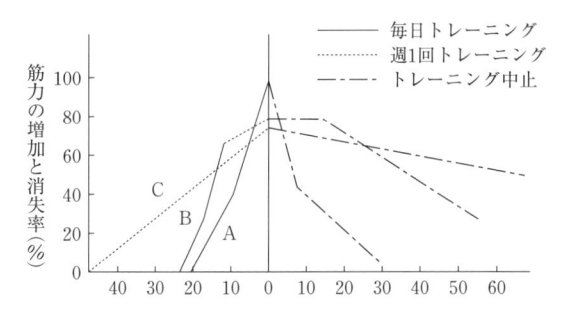

短期間のハードトレーニングでの筋力増加率は高いが，トレーニングを中止した時，その効果は短期間で消失してしまうことがわかる。

**図3－4　筋力トレーニング効果とトレーニング中止後の効果の消失**（ヘッティンガー，ミュラー）

日本体力相談士会『スポーツ相談Q&A』ぎょうせい　1990

## 3　トレーニングの原則

✿　全面性

体力要素の一つの部分だけを鍛えるのでなく運動に必要なすべての身体機能の向上を目指し，調和のとれた体力づくりを心掛けなければならない。

✿　個別性

運動刺激として与える負荷は，個人の特性（性別・年齢・体力・健康度・生活環境・運動歴等の個人差）に合ったものでなければならない。

✿　漸進性（漸増性）

運動刺激によって起きる身体の変化はきわめて緩やかであるが，得られた効果に応じて徐々に運動刺激を増やしていかなければならない。

**✼　継続性（反復性）**

トレーニング効果を維持したり，より向上させていくには，トレーニングを反復することが必要である。

**✼　自覚性（意識性）**

トレーニングの目的やねらいを十分に理解し，目的意識を持って積極的に行うことが必要である。

## ④ トレーニングの種類

先に述べたように，トレーニングには特異性があるのでどのようなねらいでトレーニングを実施するかによって方法が異なる。また，実施においては，トレーニング強度，トレーニング時間，トレーニング頻度，トレーニング期間の4つの条件を満たさなければならない。ここでは，筋力を高めるためのトレーニング，持久力を高めるためのトレーニング，総合的に体力を高めるためのトレーニング，精神面のトレーニングを紹介しておく。

### 〈1　筋力を高めるトレーニング〉

**①　アイソメトリック・トレーニング**

等尺性筋収縮（第2章第2節❷参照）を行うことによる筋肉トレーニングである。等尺性の筋収縮は，主として動かないものを動かそうとする抵抗運動によるもので，静的筋力トレーニングともいう。運動の方法が簡単であり，エネルギー消費量も少なく，病人や老人でも可能で，しかも高い効果が得られることから，筋力の維持および増進のための日常的トレーニングとして適切である。このトレーニングは常に最大努力で出しうる最大筋力を発揮することが条件となる。トレーニングの強度と時間の関係を表3－7に示す。

表3-7 アイソメトリックスの強度と時間の関係 (Hettinger, 1970)

| トレーニング強度<br>(最大筋力に対する%) | トレーニング時間<br>(収縮持続時間, 秒) ||
|---|---|---|
| | 最低限度 | 適正限度 |
| 40〜50 | 15〜20 | 45〜60 |
| 60〜70 | 6〜10 | 18〜30 |
| 80〜90 | 4〜6 | 12〜18 |
| 100 | 2〜3 | 6〜10 |

朝比奈一男監訳　渡辺和彦訳『選手とコーチのためのスポーツ生理学』1982

② アイソトニック・トレーニング

　等張性筋収縮で行うトレーニングである。負荷に対して関節の角度を変えながら筋収縮し，筋力を発揮する。この筋収縮は，短縮性収縮と伸張性収縮とからなる。代表的なトレーニングとしてウエイトトレーニングがある。これは筋肉の肥大と筋力の増大を目的に，重量物やバネの収縮力を利用したり，自分や相手の体重を活用して筋肉を収縮させる方法である。筋力を増すだけでなく，筋肉の活性化を著しく高めるのでスポーツの補強運動として有効である。具体的には，筋力の強化をねらいとする場合と筋持久力を強化する場合がある。

③ アイソキネティック・トレーニング

　等速性筋収縮で行う動的な筋力トレーニングで，適応性抵抗運動ともいう。一般に運動部位には動作開始から終了するまで，加速度が生じるため運動速度は一定ではない。このトレーニングは運動部位に加速度が生じるのを人工的（電気装置，遠心ブレーキ，油圧等を利用）に抑制し，可動範囲全域にわたって，一定速度で運動を行う。近年トレーニング器具の開発が進み，このトレーニング法が一流選手のトレーニングの主流となってきた。器具にはサイベックスマシン，ミニジム，スイムベンチ，アポロエクササイザーなどがあるが，難点は非常に高価なことである。

　実施に当たっては，最大筋力を指標としないで，トレーニング速度をその競

```
        筋持久力                    アイソメトリック
        筋力

        筋持久力             アイソトニック
        筋力

        筋持久力           アイソキネティック
        筋力

0    10    20    30    40    50
        増加率（%）
```

アイソキネティック・トレーニングが筋力や
筋持久力の増加に優れている

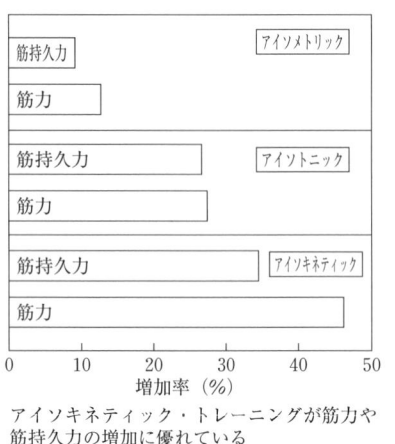

**図3－5　筋力トレーニングの方法の違いによる筋力増加率の比較**
MathewaとFox　1976

技における運動速度に徐々に近づけていく方法がよい。図3－5はトレーニング方法の違いによる筋力増加を比較したものである。

〈2　持久力を高めるトレーニング〉

図3－6はトレーニングを形態によって分類したものである。

① レペティション・トレーニング

全力疾走と完全休息を繰り返す方法で，休息は疲労が回復するまでとる。その理由は，敏捷な動作は筋肉がフレッシュな時行うと効果が期待できるという。このトレーニングは高度な持久力（ハイパワー）と，中程度の持久力（ミドルパワー）を高めることができる。

② インターバル・トレーニング

運動と不完全な休息（動的休息）を交互に行うことによって，呼吸・循環機能を高める。筋持久性を高めるためには100〜200mまでの負荷距離で，筋持久性を含めて全身持久性を高めるためには300〜500mの負荷距離が必要である。

③ 持久性トレーニング

長い距離や長い時間走るトレーニングである。スピードを強化する場合はスピードに重点をおき，持久力を強化する場合は走る距離と時間に重点をおきト

第3章　運動処方

図3-6　レペティション・インターバル・持久性トレーニングの負荷強度と時間の特徴

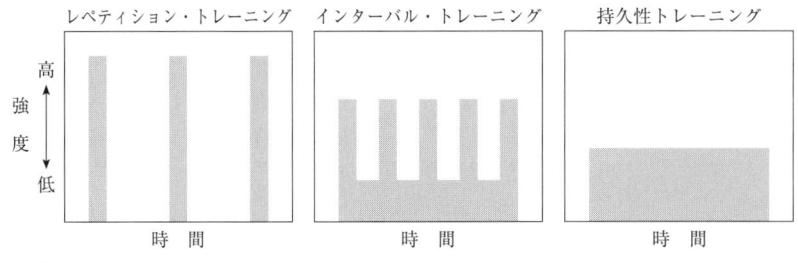

網目部分は活動期を示す。

浅見俊雄『現代の体育-スポーツ科学』　1985

レーニング内容を定める。

〈3　総合的に体力を高めるトレーニング〉

① サーキット・トレーニング

　筋力，持久力，パワー，敏捷性等を同時に高める総合的なトレーニング方法である。8～15種目の運動を休息をとらずに次々と進め，3ラウンドあるいはそれ以上続けて行うものである。

② 複合トレーニング

　このトレーニングは，走る，跳ぶ，回転する，押す，引く，投げる，振る，持ち上げるといった簡単に行える基礎的なしかも全身的な運動で構成し，移動運動6種目，回転運動6種目，振動運動9種目，協力運動9種目の30種目を実施するものである。

③ その他のトレーニング

　シークエンス・トレーニング，プライオメトリック・トレーニング，ハイポキシック・トレーニング，高所トレーニング，エアロビクス・トレーニング，アネロビクス・トレーニング，ファルトレク・トレーニング，ヒル走トレーニング等があげられる（詳細は他の成書を参考）。

表3－8　4種類のサーキット（例）

| | 標準的サーキット・トレーニング－9種目 | | | 強いサーキット・トレーニング－9種目 | |
|---|---|---|---|---|---|
| | 運動種目 | 効果 | | 運動種目 | 効果 |
| 1 | いすの昇りおり | 脚・全身 | 1 | いすの昇りおり | 脚・全身 |
| 2 | バーピー | 脚・全身 | 2 | スクワット・スラスト | 脚・全身 |
| 3 | とびあがりひきあげ | ひっぱり・全身 | 3 | 懸垂屈腕 | ひっぱり |
| 4 | 仰臥胸まげ | 腹 | 4 | 上体起こしねじり | 腹 |
| 5 | ダンベルとび | 脚・全身 | 5 | バーベルの巻きあげ | 背 |
| 6 | バーベルの巻きあげ | 背 | 6 | おもりの巻きあげ | 握り |
| 7 | ダンベルを持って膝のまげのばし | 脚・全身 | 7 | バーベルをかついで膝のまげのばし | 脚・全身 |
| 8 | とびあがり腕立て | 押しあげ・全身 | 8 | 平行棒での腕屈伸 | 押しあげ |
| 9 | 綱ふり | ひっぱり・握り | 9 | 綱ふり | ひっぱり・握り |
| | 短いサーキット・トレーニング－6種目 | | | 長いサーキット・トレーニング－12種目 | |
| | 運動種目 | 効果 | | 運動種目 | 効果 |
| 1 | いすの昇りおり | 脚・全身 | 1 | いすの昇りおり | 脚・全身 |
| 2 | とびあがりひきあげ | ひっぱり・全身 | 2 | スクワット・スラスト | 脚・全身 |
| 3 | 仰臥胸まげ | 腹 | 3 | 懸垂屈腕 | ひっぱり |
| 4 | バーベルの巻きあげ | 背 | 4 | 仰臥胸まげ | 腹 |
| 5 | とびあがり腕立て | 押しあげ・全身 | 5 | ダンベルの横あげ | 腕あげ |
| 6 | 綱ふり | ひっぱり・握り | 6 | しゃがみとび | 脚・全身 |
| | | | 7 | バーベルの巻きあげ | 背 |
| | | | 8 | おもりの巻きあげ | 握り |
| | | | 9 | ダンベルを持って膝のまげのばし | 脚・全身 |
| | | | 10 | バーベルの押しあげ | 押しあげ |
| | | | 11 | 綱ふり | ひっぱり・握り |
| | | | 12 | なわばしご昇り | ひっぱり・全身 |

猪飼他『トレーニングの科学』1976

### 〈4　精神面のトレーニング（メンタル・トレーニング）〉

　スポーツの試合において，普段の実力を十分に発揮できないまま敗れさる例はあまりに多い。こうした場合しばしば「精神的な弱さ，脆さ」が指摘されるが，これらへの具体的対応策はほとんどないに等しかった。

　日本では一般に「根性」「気合い」「大和魂」「精神力」といった言葉を精神鼓舞の目的で用いたり，おまじないやお守り等に頼るといったことが行われてき

た。これらを必ずしも否定するものでもないが，単にこうした言葉を唱えたりすることで，いつも精神の集中がなされ，実力が発揮できる状態になるとは限らない。「リラックス」「平常心を保つ」といった言葉も，極度の緊張の前には無力なことが多い。日本では「根性論」が強調され過ぎたあまり，スポーツにおける精神面の管理がなおざりにされていた感は否めない。

これに対して，外国選手の中にはオリンピックのような檜舞台で，日頃培った実力を，時にはそれ以上の力を存分に発揮する。彼らの精神的強さは一流選手としての条件で何ら不思議はないが，彼らの強さの秘訣はメンタル・トレーニングにあった。すなわち彼らは，実力そのものを磨くことの他に，いつでも実力を発揮できる精神の訓練をもしていたのである。

① メンタル・トレーニングの内容

メンタル・トレーニングとは，選手の能力開発的な視点から心理的競技能力の向上をねらいとした心のトレーニングである。つまり心理的に優位な状態で競技できる能力を開発しようとするものである。内容は次に述べるものが一般的である。

ⓐ情動のコントロール（「不安」の除去や「あがり」の克服）
ⓑ思考の転換（ポジティヴシンキング）：物事を自分に都合のよい方へと楽天的に考えることが大切な場合もある。いわゆるポジティヴ（肯定的）なシンキング（思考）である。
ⓒ暗示：集中，自信，冷静さ，自己概念などを向上させるために心の中での言語化を用いるものである。気分を落ち着ける時には，「自分はリラックスの名人である」とか「とてもゆったりしている」とか，集中がとぎれた時は，「身体中に活力がみなぎっている」といった簡単な暗示が一般的である。中にはその人個人特有のものもあり，具体的に意味を持たないものもある。
ⓓ集中力の育成（精神集中のしかたを学習やサイキングアップ）：サイキングアップとは心身両面から興奮や緊張レベルを最適水準に高め，闘志を高揚させるトレーニングである。
ⓔ肯定的な自己概念の形成と自信を持つためのトレーニング

⑤意欲・動機づけの強化
② メンタル・トレーニングの技法
**スポーツ技術水準とイメージトレーニング**
　スポーツの初級者は，実際に運動技能を遂行している筋運動感覚的なイメージを描くことが困難である。したがってこの段階のイメージトレーニングは，技能の遂行に直接役立つものではなく，むしろ，課題としての技能の理解と系列的な運動の順序などを取り扱う方が効果的である。中級者は身体的な練習の補助として積極的に導入することが，技能習得の効率化を促す。
　上級者はイメージトレーニングの効果が最も期待できる。この段階では技能の習得に止まらず，試合等の作戦あるいは予知，コンディショニングなどのメンタル・リハーサルにも利用されるなど様々な面に活用され効果がある。
**メンタル・トレーニングの諸技法**
　ⓐ漸進的リラクゼーション法，ⓑ自律訓練法，ⓒイメージトレーニング法（暗示とメンタル・リハーサル），ⓓ睡眠法，ⓔ呼吸法，ⓕ座禅法・瞑想法，ⓖバイオフィードバック法などが用いられる。しかし実際にこのトレーニングを取り入れる場合は，心理的技法を熟知している専門家がその競技にも精通していることが大切で，選手と一緒になって心の中を分析し，選手自身に適したアドバイスが行われることが大切である。またこれらの心理的技法は速効的に効果を発揮するものではないと考えられているので，ある程度の時間と忍耐を覚悟しなければならない。

# ⑤ トレーニング計画

　実際にトレーニングを進めていく上で計画を立てることは，そのトレーニングの目的やねらいを効率よく達成させるためになくてはならないものであり，そのためには体力・技術・精神などあらゆる能力の向上を目指して作成されなければならない。また，その計画も長期・年間・月間・週間といった期間単位で考えられたり，あるいは多数の大会等に出なければならない場合はシーズン

第 3 章　運動処方

制をとり，準備期・鍛錬期・試合期・移行期・調整期に分けてさらに細かい計画を作成する必要がある。ただ漠然と与えられたプログラムをこなしていくだけでは効果が望めない。また，計画はあくまでも計画であり，すべて計画通りに進めていくことは容易ではない。ケガをしたり伸び悩んだり，思うように効果があがらなかったりという場面も当然出てくるので，実施していく中で進捗状況をチェックし，時には計画を立て直すことも大切である。いずれにせよ，実現可能な目標にむかってトレーニングが実施できるよう計画は立てられなければならない。

**参考文献**
1）大森正英他監『実践健康学』中央法規出版　1992
2）森基要他編『新スポーツ健康学』みらい　1993
3）森基要他『21世紀の健康学』みらい　1996
4）池上晴夫『新版 運動処方』朝倉書店　1990
5）井上一『運動療法ガイド～正しい運動処方を求めて～』日本医事新報社　2001

# 第4章 スポーツ医学

## 第1節──スポーツの外傷と障害

### 1 スポーツの外傷と障害の分類

　スポーツ外傷とは，スポーツ活動時において衝突，転倒など明らかな外力によって生じる負傷をいう。また，毎日のスポーツ活動の負担が長期間にわたり身体の一部（骨，関節，靱帯，腱，神経など）に積み重ねられることによって，その部分に障害が生じることがある。これらスポーツ活動によって生じる外傷，障害をあわせてスポーツ傷害と呼んでいる。

#### 1───スポーツによって起こる外傷
　スポーツ外傷は，創傷（皮膚が損傷），挫創（皮下組織全体の損傷），挫傷（皮膚と皮下組織が同時に損傷）の三つに分類される（表4－1）[1]。

表4－1　外傷の分類

| |
|---|
| 創傷：擦過創（すり傷），浅い切創 |
| 挫創：刺創（刺し傷），深い切創，裂創，割創 |
| 挫傷：皮下組織の挫滅（打ち身，打撲）──狭義の挫傷<br>　　　筋・腱損傷（肉ばなれ，断裂）<br>　　　骨損傷（骨折）<br>　　　靱帯損傷（捻挫，脱臼）<br>　　　神経損傷（神経麻痺） |

第4章　スポーツ医学

## 2 ── スポーツによって起こる障害

スポーツ障害は、筋・腱の障害、靭帯の障害、関節・骨・脊柱の障害、神経の障害に分類される。

〈1　筋・腱の障害〉

テニス肘、野球肘、アキレス腱炎など。これらの障害は、筋・腱に対し局所的に運動負荷を与え続け、回復しないままに損傷の蓄積により生じたものである。

〈2　靭帯の障害〉

ジャンパー膝、腸脛靭帯炎、足関節の慢性捻挫(ねんざ)などである。

〈3　関節・骨・脊柱の障害〉

腰椎分離、疲労骨折、変形、関節症など。筋・腱や靭帯に損傷が生じ、それが直接の原因となって引き起こされた障害である。

〈4　神経の障害〉

腰部椎間板ヘルニアによる脊髄神経系の圧迫、肩甲上神経麻痺などがある。

これらの外傷や障害は、スポーツの種目によって起こりやすいスポーツ傷害があるので、それについて述べる。

## 3 ── スポーツ種目別にみる起こりやすい傷害

❋　野球・ソフトボール

手首腱鞘炎、頸骨骨折、突き指、足首捻挫、アキレス腱断裂、リトルリーグ・エルボー、膝捻挫などが多くみられる。

❋　バスケットボール・バレーボール

突き指、足首捻挫、膝前十字靭帯損傷、膝内側副靭帯損傷、ジャンパー膝、アキレス腱炎などが多くみられる。

❋　テニス・バドミントン

肩関節炎、腰痛、膝関節靭帯損傷、半月板損傷、テニス肘、アキレス腱断裂、手首腱鞘炎などが多くみられる。

* スキー

下腿骨折，膝捻挫，膝靱帯損傷，頸部捻挫，頸髄損傷，鎖骨骨折，肩関節脱臼，親指骨折，凍傷などが多くみられる。

* サッカー・ラグビー

膝関節靱帯損傷，半月板損傷，頸髄損傷，大腿部の肉離れ，腰痛，足関節捻挫などが多くみられる。

* 柔道・剣道

鎖骨骨折，足関節捻挫，膝・肘・肩捻挫，前腕骨折，柔道ではこの他に，肩・肘関節脱臼，靱帯損傷，半月板損傷，腰痛，椎間板ヘルニアが多く，剣道ではアキレス腱断裂，足指の骨折が多くみられる。

* マラソン

腰痛，肉離れ，ランナー膝，ジャンパー膝，脛骨過労性骨膜炎，アキレス腱炎，足底筋膜炎などが多くみられる。

* ゴルフ

肋骨骨折，腰痛，膝関節炎，ゴルフ肘などが多くみられる。

* 水泳

肩関節炎，こむらがえりなどが多くみられる。

## ② 発育段階によるスポーツ傷害の特徴

### 1──発育期にみられるスポーツ傷害

発育・発達の著しい児童・生徒においては，身体の発育段階を十分に把握しておくことが最も重要である。この発育段階の途上にある児童・生徒に応じた練習やトレーニング処方を行わなければならない。これらのことを十分認識していないと，種々の発育期特有なスポーツ傷害をきたし，スポーツ選手として大成しないどころか，将来に影響を残すことになるので注意が必要である。

発育期に多くみられる傷害の原因となるスポーツ種目は，男子では野球，サッカー，陸上，女子ではテニス，バスケットボール，バレーボール等が多い。

表4−2　スポーツドクターが診療したスポーツ傷害

| 順位 | 小学生※1 傷害 | | 中学・高校生※2 外傷の上位 | | 障害の上位 | |
|---|---|---|---|---|---|---|
| 1 | オスグッド病 | 42.9(%) | 足関節捻挫 | 94.7(%) | オスグッド病 | 78.2(%) |
| 2 | 足関節捻挫 | 33.0 | 膝周囲打撲・挫傷 | 73.3 | 野球肘 | 78.2 |
| 3 | 腰痛症 | 26.3 | 槌指（つき指） | 69.1 | シンスプリント | 42.1 |
| 4 | 手指捻挫・骨折 | 26.0 | 膝内側側副靱帯損傷 | 57.1 | アキレス腱炎 | 39.1 |
| 5 | 野球肘 | 18.6 | 半月板損傷 | 39.1 | 上腕骨外上顆炎 | 33.6 |
| 6 | 踵骨骨端症 | 11.9 | 腓腹筋筋肉損傷 | 31.1 | 膝蓋腱炎 | 33.6 |
| 7 | 膝内障 | 11.5 | 前十字靱帯損傷 | 24.8 | 腰椎分離症 | 33.4 |

※1：各疾患別回答症例数／回答スポーツ医数（312）
※2：各疾患別回答症例数上位5つの総疾患症例数（806）

　スポーツによって多く発生しやすい外傷は，足関節捻挫，膝周囲打撲，挫傷，突き指，膝内側副靱帯損傷，半月板損傷である。また，スポーツによって起こる障害ではオスグッド病，野球肘，シンスプリント，アキレス腱炎である。
　発育期において特に注意を要するのは骨の成長である。骨の成長は骨端線で起こる（第2章第1節**3**参照）。この骨端線・骨端が，発育期にスポーツで同じ身体運動を繰り返したり，身体の一部に使いすぎによって強い負荷が加わると障害が起こり，痛みが出現する。骨端線・骨端は成長している軟骨であるため，外力に対して弱い部分となるので障害が発生しやすい。

❋　**野球肘**

　発育期の肘の障害の代表的なもので，ボールを投げる時，加速のために腕を後方に振ると肘は前に出る。このとき肘の内側は引っ張られて外側は圧迫される。内側が引っ張られることによって内側の靱帯や筋肉に緊張が加わり，骨の痛み（リトルリーグ・エルボー）や剥離，または筋や靱帯の障害が起こる（上腕骨内側上顆の骨端線離開）。

❋　**テニス肘**

　外側上顆炎といわれ，初心者に多くみられる。これはバックハンドストロークにより，日頃あまり使われていない回外伸筋群による外側上顆部での過労性炎症か，それらの筋肉の微少断裂である。

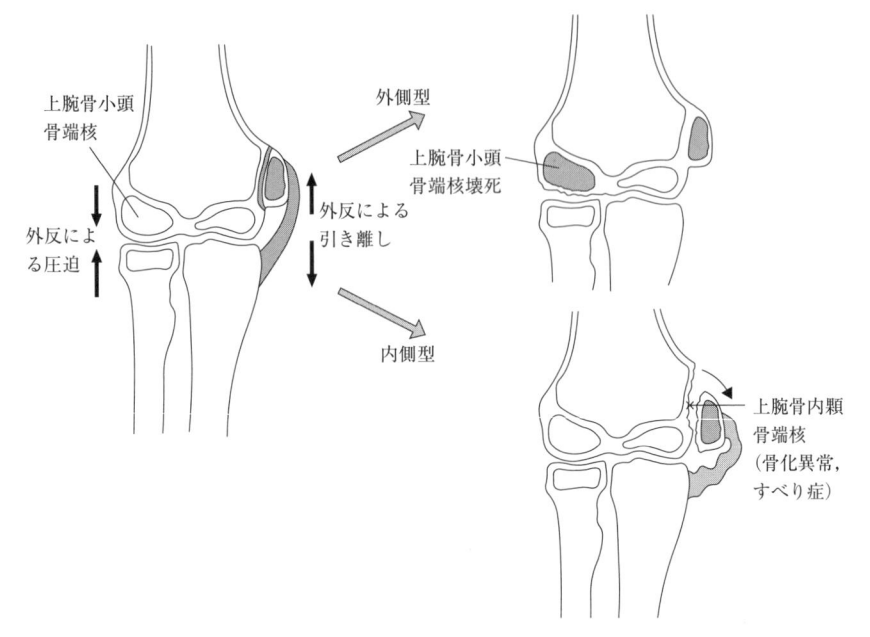

図4−1　野球肘の外側型と内側型

### ❖ ジャンパー膝（膝蓋靱帯炎）

ジャンプの繰り返しで膝に過度の負担がかかると，膝蓋靱帯に疲労性の炎症が生じる。ジャンプの着地で膝を強く屈曲した際に痛みがあり，圧痛は膝蓋骨下端に認められる。

### ❖ オスグッド病

膝蓋靱帯が付着する縦の線の下端に疼痛を訴える。古くから成長期の骨化障害の代表的なものとされ，膝の下端の突出，圧痛，正座痛，運動痛などをいう。

### ❖ 骨折

疲労骨折，若木骨折など。

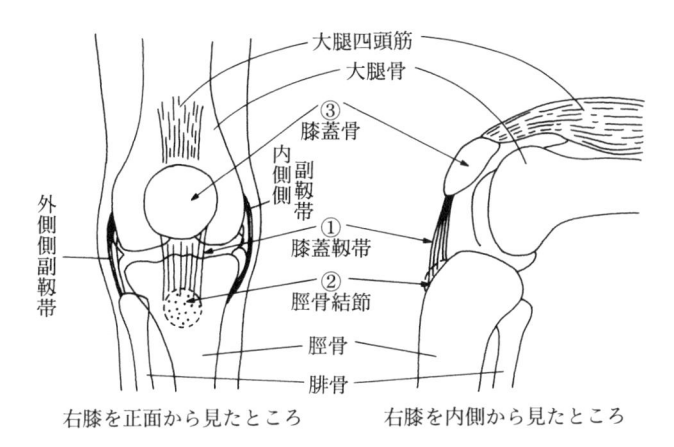

①：ジャンパー膝（膝蓋靱帯周囲炎）
②：オスグッド病（脛骨結節骨端軟骨炎）
③：膝蓋軟骨軟化症（膝蓋骨亜脱臼症候群）
**図4－2　膝関節の障害部位**

高橋良英『からだの科学』日本評論社　1986　を水野が一部改変

## 2───中高年のスポーツ傷害

　中高年齢者のスポーツの傷害は，下肢の筋肉の低下，柔軟性の低下，腱の弾力性の低下，骨・関節軟骨の変性などの加齢（第2章第1節⑤参照）による体側の弱点（骨の加齢変化，関節の加齢変化，筋・腱の加齢変化）がその基盤にあって発現するものが大部分である。中高年齢者のスポーツ傷害をみると，運動のしすぎによる膝への負荷が増大し，傷害の発現を促進する。ジョギング傷害では膝関節が圧倒的に多く，次いで足首，ふくらはぎ，アキレス腱等の下肢の傷害が大部分を占める。

　また，近年の中高年のスポーツには，健康の維持・増進，疾病の予防・治療やリハビリテーションのみでなく，競技志向の強い中高年者がスポーツに参加する動きがある。それに伴い，従来あまりみられない中高年者のスポーツ傷害も増加すると考えられる。

## 第2節 ── スポーツによる外傷・障害の予防と治療

### ① テーピング

　テーピングが日本に紹介され，本格的に使われ始めたのは，1975年リチャード・マクラレア氏によるテーピング講習会が行われて以来のことであり，以後スポーツ界に普及してきた。
　テーピング法には様々な方法が考案されているが，基本的な方法は共通している。いずれも人体の構造を理解した上で正しい知識や技術を習得し，使用すべきであることはいうまでもない。

#### 1 ── テーピングの目的

　テーピングは正式にはアスレティックテーピングのことであり，一般的に「テーピング」といわれている。このテーピングとは，収縮性の少ない白い綿の粘着性テープを関節に巻き，関節の動きを制限または固定することであり，その目的は次の5項目に大別できる。

〈1　傷害（外傷）の予防〉
　スポーツ種目により傷害を受けやすい部分があり，その部分を事前に補強する。また，偶発的な事故により怪我を起こすことがある。その怪我から復帰した時に再発を予防するためや再発の不安感をなくすためテーピングする。

〈2　受傷直後の応急処置〉
　捻挫，肉ばなれなど損傷部位の固定や腫れを防止するための圧迫を目的としてテーピングを用いることがある。

〈3　受傷後の機能訓練の補助〉
　損傷した靱帯は，痛みや腫れがなくなっても受傷以前より緩んでいたり，強度が落ちていることがある。そこで損傷した靱帯の強度を補うとともに損傷部

位を保護するためにテーピングする。
〈4　傷害の再発防止〉
　受傷後のリハビリテーション，リコンディショニングの時期や完治してスポーツに復帰後，再び同じ個所を傷めることがある。そのようなことから，再発の防止，再発の不安感を取り除くためにテーピングする。
〈5　関節の過柔軟性の保護〉
　先天的に関節が異常に柔らかく，手指や肘などが過伸展している場合，足首が緩く関節不安定性の場合などにテーピングを用いる。

## 2───テーピングの注意点

①正しい診断に基づき，正しい方法で使用する。
②テーピングを使用する部分に体毛が多い場合は剃り，また必要に応じてアンダーラップを用い，皮膚の保護をする。
③適度な緊張を加えながら，身体のラインに合わせ，しわのないように貼る。
④テーピングの基本的な順序は，アンカーテープ，サポートテープ，ロックテープの順である。
⑤テーピング施行後は，血行障害，神経障害などがないか，運動制限ができているか調べる。

## 3 ── テーピングの実際

### 〈1 足首のテーピング〉

①足首を90°に保ちアンカーテープを貼る。

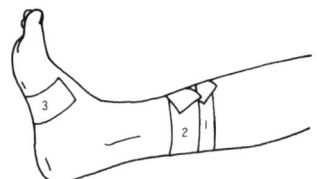

②スターアップ（内側から踝と踵を通り，外側へ）とホースシュー(5)を交互に貼る。

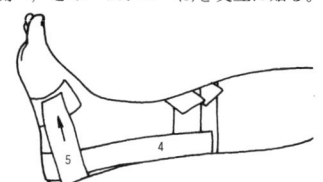

③3本目のスターアップを貼った後，ホースシュー・テープをアンカーまで貼る。

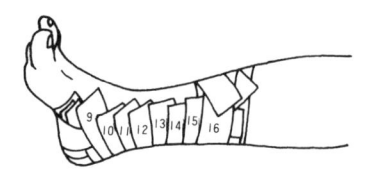

④アンカー(19)，(20)を貼る。

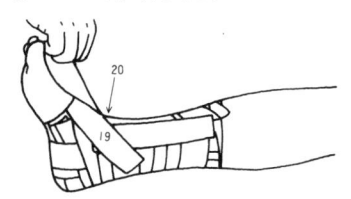

### 〈2 肘関節のテーピング〉

①アンカーテープを上腕二頭筋と前腕部に貼る。

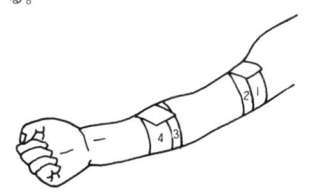

②前腕部から(5)のテープを上腕部に向かって貼る。同様に(6)，(7)をX状に貼る。

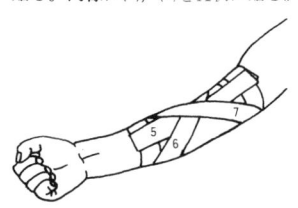

③(8)，(9)もX状に貼る。

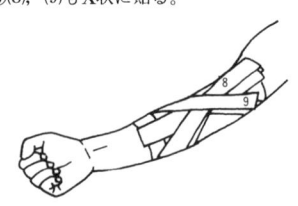

④X状テープを固定するため，アンカーを貼る。((10)～(13))

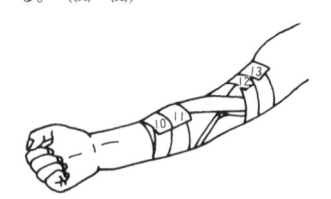

## 第4章　スポーツ医学

〈3　指の基節関節のテーピング〉

①手首を一周して患部の関節を通り，ターンして手首に戻る。

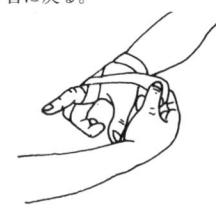

②手の掌部を通って，①と同様に行う。

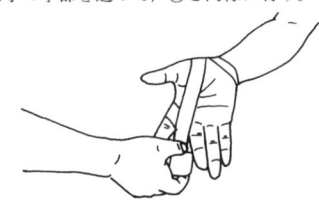

③

④完成図

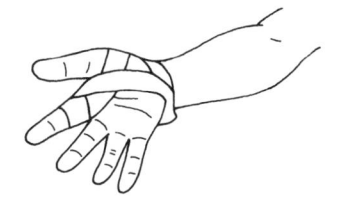

〈4　中指関節のテーピング〉

①指の内外部分にテープを貼る。

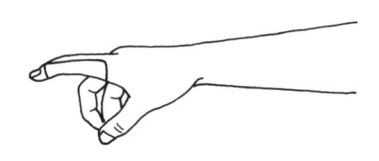

②基節関節から2指関節を通って末節関節へターンして貼る。

③②と同様に反対方向に貼る。

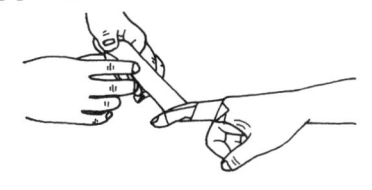

④元の部分と末節関節部を，テープで一周して貼る。

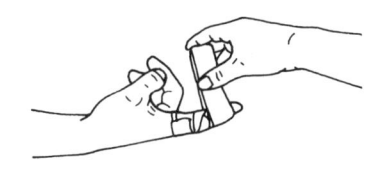

91

## 2 スポーツマッサージ

### 1────マッサージの種類と目的

　一般にマッサージとは，人の手（時には足）または特殊な器具を使って，一定の手法や方法によって，対象者の皮膚に摩擦，圧迫，揉むなどの力を与えて，疾病の治療や疲労の回復を計る方法の一つである。マッサージはその行う目的によって，医療マッサージ，保健マッサージ，スポーツマッサージ，産業マッサージ，美容マッサージなどと呼ばれているが，手法そのものが異なるものではなく，それぞれの目的に適した方法を選んで行うものである。

### 2────スポーツマッサージ

　スポーツマッサージは，スポーツマンの競技にそなえてのコンディショニング（調整）が目的である。つまりトレーニングによる疲労の回復を図ることが主目的である。時にはウォーミングアップの補助として施すこともある。医療マッサージをスポーツ傷害に対して実施する場合もスポーツマッサージと呼ぶことがある。

　スポーツマッサージは手法によるマッサージだけではなく，時には器具を使うマッサージ，理学療法や体操療法などを併用して効果を図るが，疲労回復あるいは治療のためと，利用目的も異なるので，当然効果のある場合もない場合もあるし，時には害になることすらある。例えば受傷直後（捻挫，肉離れ，打撲等）は，組織内出血による腫れ，局所の発熱などの炎症症候をきたすため，マッサージをすると炎症を強めることになる。そのほか禁忌として，感染症の罹患時，有熱時，皮膚病，痛みの激しい時，飲酒時，医師に止められている場合などは実施してはならない。マッサージをする場合については，他の専門書に譲るが，目的に合わせて正しく処方することが大切である。

第4章　スポーツ医学

## ③ アスレティック・リハビリテーション

### 1———アスレティック・リハビリテーションとは

　スポーツ選手，スポーツ愛好家がケガをした場合，救急処置を受け，その後医療機関に運ばれ治療を受ける。一般社会復帰を目的とした治療や理学療法が行われる。ここまでの過程をメディカル・リハビリテーションと呼んでいる。しかし，スポーツを行うまでには至っていない。スポーツ復帰するためにはより高いレベルでの筋力，パワー，スピード，持久力などの回復が必要である。この一般社会復帰からスポーツ復帰するまでのリハビリテーションをアスレティック・リハビリテーションと呼んでいる。

　アスレティック・リハビリテーションでは，受傷部の関節可動域や筋力を受傷前のレベルに戻すだけでなく，全身における筋力，パワー，スピード，心肺

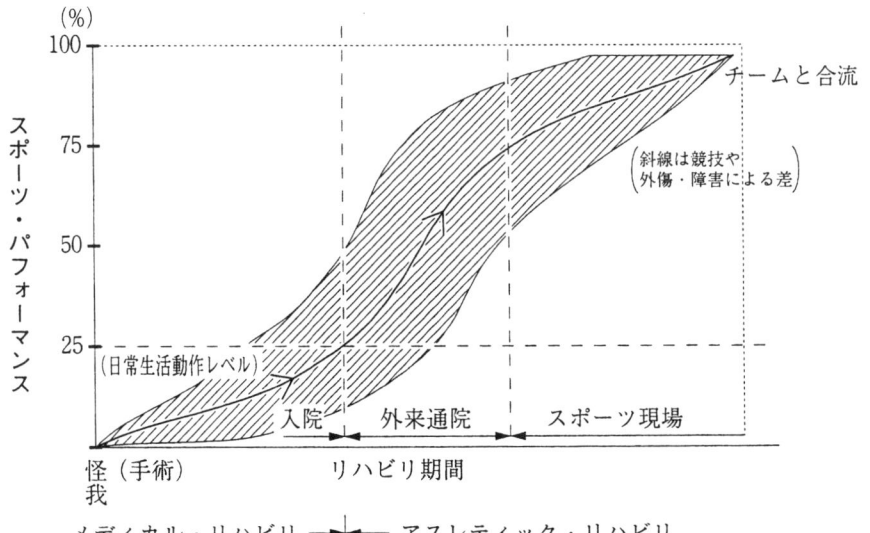

**図4－3　競技者の怪我から復帰までの過程**
アスレティック・リハビリはメディカル・リハビリに続いて行われる
出典：日本体育協会編『アスレティックトレーナーテキストⅠ』2003　P.207

93

機能，反応時間，柔軟性，巧緻性などの運動能力を元のレベルに戻さなければならない。

## 2 アスレティック・リハビリテーションの組み立て
〈1 組み立ての設定〉

リハビリテーションの組み立ては，選手の現状を把握しスポーツ復帰までの目標を設定することである。まず，選手の傷害の現状把握として圧痛部位や腫脹部位の確認や関節では可動域，緩みなどをみること，選手の経歴，受傷歴など十分把握する必要がある。選手の現状運動能力が把握でき，そしてスポーツ復帰するのに必要な能力が設定できれば，段階的な目標が組み立てられる。

表4－3 アスレティック・リハビリの概略

| | |
|---|---|
| 1. 温熱療法 ホットパック，バイブラバスなど | 10～15分 |
| 2. ストレッチング | 5～10分 |
| 3. ウォームアップと持久性トレーニング トレッドミルランニング | 15～20分 |
| 4. 筋力トレーニング 患部及び患部外トレーニング OKCおよびCKCを適時使用 | 20～30分 |
| 5. ステップ動作，バランストレーニング | 10～20分 |
| 6. 種目別専門練習 | 0～30分 |
| 7. クーリングダウン，アイシング | 15～20分 |

出典：日本体育協会編『アスレティックトレーナーテキストⅠ』2003 P.218

〈2　リハビリテーション・メニューの設定〉
　アスレティック・リハビリテーションでは，患部をバイブラバス，ホットパットや超音波などを用いたウォーミングアップからはじまり，最後はクーリングダウンとしてストレッチング後患部のアイシングで終わるメニューを作成する必要がある。

〈3　段階的なリハビリテーション法〉
　アスレティック・リハビリテーションは，受傷から復帰までを4段階に分けた中で目標を設定して行うと便利である。

表4-4　段階的アスレティック・リハビリ

| | トレーニングの目標 | トレーニング器具，フォーム | トレーニング方法 | トレーニング量 |
|---|---|---|---|---|
| 第1段階<br>(可能性のリハビリ) | 可動域の改善<br>腫脹の除去<br>筋萎縮の改善 | クライオキネティクスの利用<br>マットトレーニング<br>徒手抵抗<br>ラバーバンド | OKCの使用<br>アイソメトリック<br>アイソトニック（角度訓練）<br>単関節運動 | 競技レベル1日1回<br>レジャーレベル隔日1回 |
| 第2段階<br>(安定性のリハビリ) | 筋力の増強<br>筋持久力の増強 | ホットパックやバイブラバスの利用<br>マットトレーニング<br>自転車エルゴン，トレッドミルラバーハンド，各種トレーニングマシン | OKCとCKC<br>アイソメトリック<br>アイソトニック<br>アイソキネティック<br>単関節，複合関節運動 | 競技レベル1日1～2回<br>レジャーレベル毎日1回 |
| 第3段階<br>(機能性のリハビリ) | 運動性の増大<br>筋力・持久力の強化<br>協調性，巧緻性の改善 | 各種トレーニングマシン<br>ジョギング，ランニング<br>方向転換を入れたランニング<br>各種ステップ | CKC<br>アイソトニック，アイソキネティック<br>インターバルトレーニング<br>複合的トレーニング | 1日1～2回 |
| 第4段階<br>(実戦性のリハビリ) | 筋力・持久力の強化<br>反応時間の短縮<br>スピードの増強<br>瞬発力の強化 | 各種トレーニングマシン<br>スプリット，ジャンプ<br>加速走<br>方向転換<br>連続ジャンプ | 持久力トレーニング<br>PNFトレーニング<br>スピードトレーニング<br>プライオメトリックトレーニング<br>シュミレーショントレーニング | 1日2回 |

出典：日本体育協会編『アスレティックトレーナーテキストⅠ』2003　P.219

# 4 救急法

## 1——救急法の目的

救急法とは，予期しない事故や災害によって怪我または病気を生じた者に対して，医師の処置に委ねるまでの間に行う応急の手当てのことである。我々は緊急の事態に備え，常日頃から正しい救急法の知識と技術を身につけておかなければならない。しかし，救急法はあくまでも応急手当てであり，医療を行うことではない。

## 2——救急法実施上の一般的注意事項

①大出血，呼吸停止，服毒，意識障害など，一刻を争う処置を第一に行う。
②聴診，視診，触診，問診などの患者の状態，程度などの観察を行う。
③足高頭低仰臥位，横臥位など，患者の傷病に応じた体位をとる。
④医師，救急車への連絡を速やかに行う。
⑤患者（特に意識不明や嘔吐のある患者）にはむやみに飲物を与えない。
⑥患者の保温を行う。
⑦現場の証拠物の保存を行う。

## 3——救急蘇生法

蘇生法は意識がなく，呼吸または心臓停止を起こした者に対して，人工的に補助を行い生命を救うことである。

呼吸が停止している時は人工呼吸を行い，心臓も停止している時は人工呼吸と心臓マッサージを並行して行わなければならない。呼吸停止後の蘇生率は時間とともに著しく低下する（図4－4）。したがって蘇生法の実施は，文字通り1分1秒を争い，対応の仕方が人の生死を分けることになる。

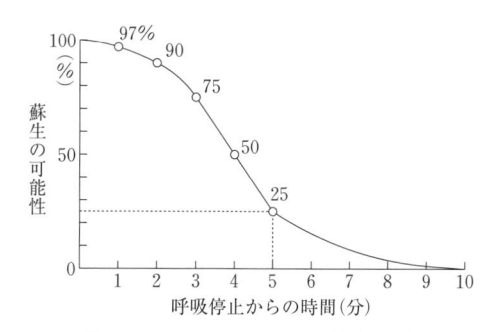

図4－4　ドリンカーの救命曲線
市川宣恭『スポーツ指導者のためのスポーツ外傷・傷害』南江堂　1992

〈1　気道の確保〉

　意識がない場合や呼吸停止および呼吸が困難な場合，または異物が気道にある場合は，気道が閉塞していると考えられるので気道の確保を行う。後部後屈法（図4－5），下顎挙上法がある。

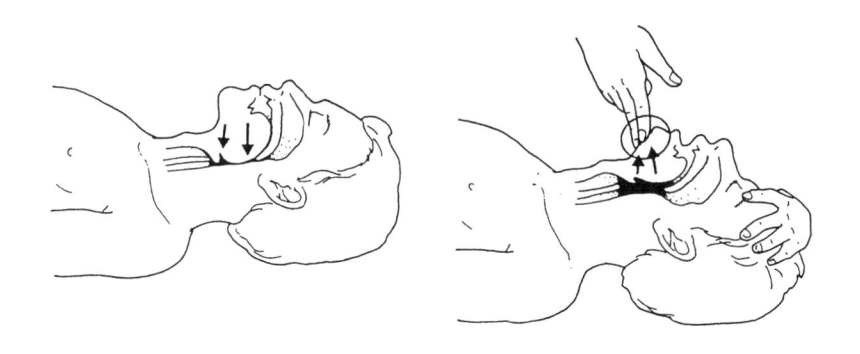

図4－5　気道確保の方法
出典　図4－3に同じ

〈2　人工呼吸〉

　気道確保後も呼吸が停止しているようであれば，人工呼吸法を行う。口対口人工呼吸法，口対鼻人工呼吸法で行う。5秒に1回のリズムで行う（図4－6）。

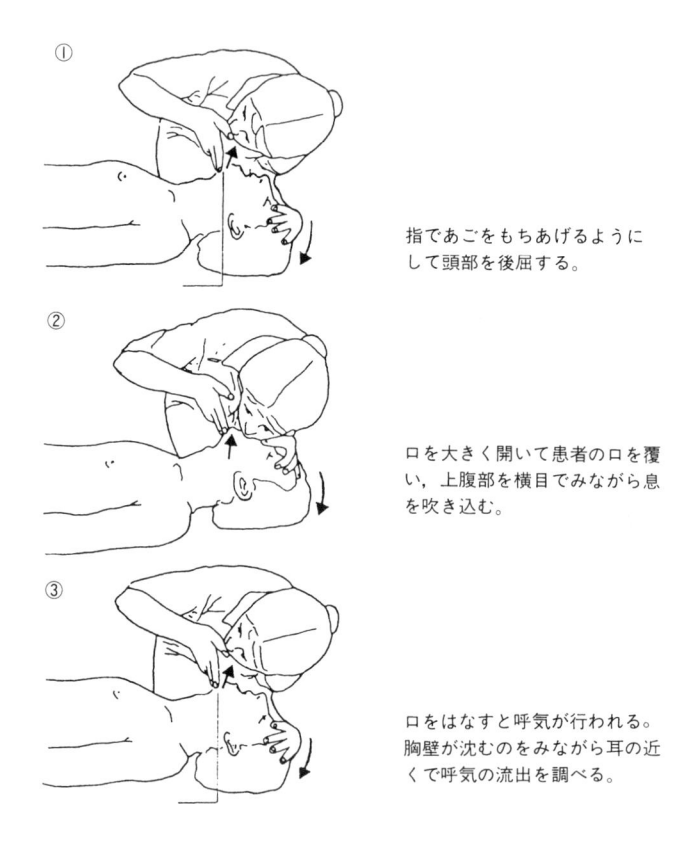

①　指であごをもちあげるようにして頭部を後屈する。

②　口を大きく開いて患者の口を覆い，上腹部を横目でみながら息を吹き込む。

③　口をはなすと呼気が行われる。胸壁が沈むのをみながら耳の近くで呼気の流出を調べる。

図4－6　口対口人口呼吸法(1)
出典　図4－3に同じ

〈3　心臓マッサージ〉

　心臓が停止した場合は，人工呼吸と並行して心臓マッサージを行わなければならない。患者を堅い床の上などに寝かせ，胸骨の1／3部に手の平で胸骨の

第4章 スポーツ医学

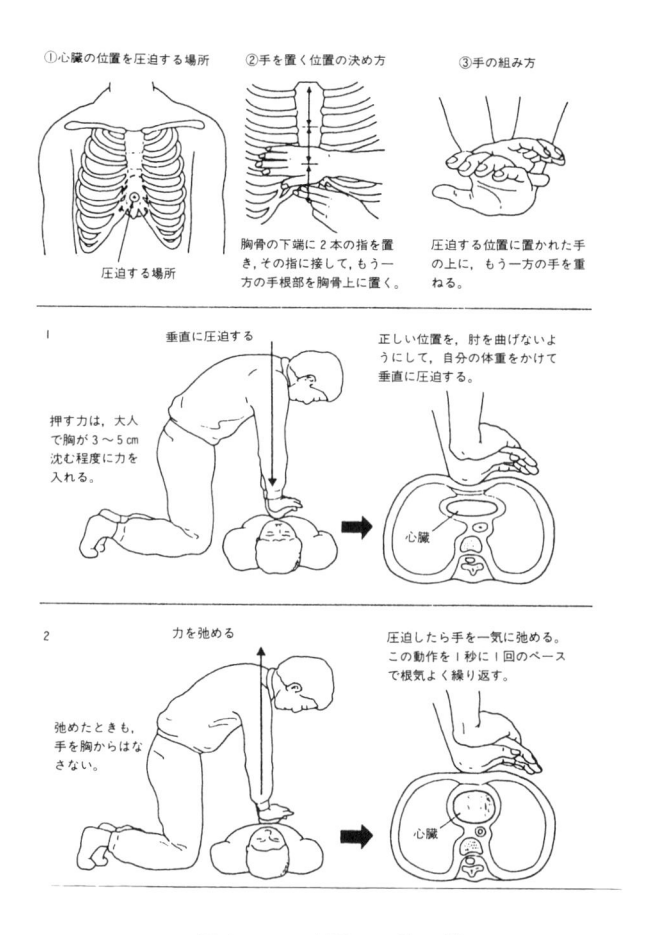

**図4-7 心臓マッサージ**
出典 図4-3に同じ

圧迫を繰り返し，血流を起こさせる。1秒に1回以上の割合で行う。心臓マッサージ5回に対し人工呼吸1回を行う（図4-7）。

### 4───RICE処置と止血法

RICE処置（Rest＝安静，Icing＝冷却，Compression＝圧迫，Elevation＝高揚）は治療というよりは挫傷部の炎症を抑えるための一時処置であり，安静を保ち，

しかる後に適切な治療を必要とする。

　外傷などの場合は出血を伴うことがほとんどで，出血の多い場合は止血をしなければならない。出血には，動脈出血，静脈出血，毛細管出血がある。主な止血法は，圧迫包帯，指圧，止血帯による方法がある。

　圧迫包帯による止血法は，出血部位に直接清潔なガーゼまたはハンカチ，手拭いなどを当て，その上に包帯で強く巻く方法である。指圧による止血法は，出血部位から心臓よりにある止血点を指などで強く圧迫する方法である（図4－8）。

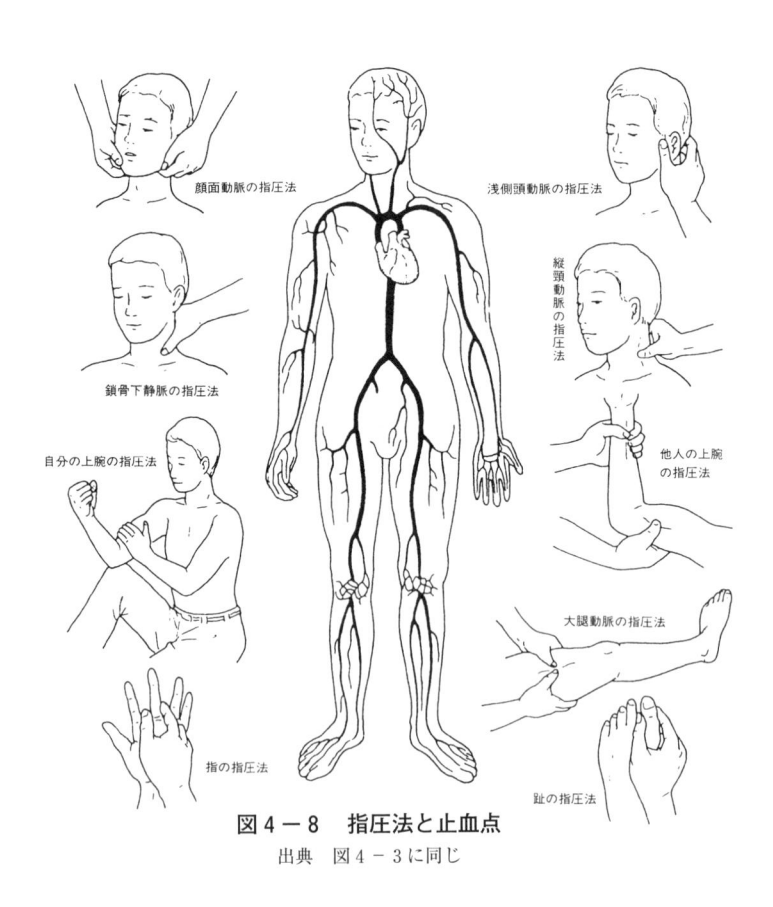

図4－8　指圧法と止血点
出典　図4－3に同じ

止血帯による止血法は，上腕部や下腿部の四肢の主幹動脈の出血の場合に多く行われる。止血帯は，出血部位より心臓に近い所を締めつけ，出血部位を直接圧迫しないようにして，止血を行う方法である。

# 第3節──スポーツと薬物

## ① スポーツ界とドーピング

### 1──ドーピングとその歴史

スポーツ選手が競技成績の向上を目的として薬物を服用したり，血液操作などを行うことをドーピングという。ドープ（Dope）という言葉の語源は，アフリカ東南部の原住民カフィル族のボーア語で，カフィル族が祭礼や戦いの際に飲む強いお酒ドープに由来するとされている。ドープという言葉が，初めて英語の辞書に載ったのは1889年のことで，競争馬に与えるアヘンと麻薬の混合物を意味した。ローマ時代の戦闘馬車競技で，蜜と水を混ぜた蜂蜜水を馬に与えたのが最初とされている。競争馬に使用された薬物はアルコール性飲料から，19世紀以降のヘロイン，コカイン，モルヒネ等におよぶ。このように，競争馬に使用されていたドープが19世紀後半から人間のスポーツ界に広がり，勝利を得る目的でスポーツ選手が使用し始めたのである。

ドーピングの歴史は薬の歴史ともいわれ，当時はカフェイン，アルコール，ニトログリセリン，ヘロイン，コカインなどが使われていた。しかし20世紀に入ると，医学・薬学の進歩に伴って，アンフェタミン，エフェドリン，ステロイド，テストステロンなどが使われ，特にアンフェタミンなどが中枢性興奮薬として開発され，当時は自転車競技者の運動能力の向上に有益であると考えられて使用されていた。

## 2 ── 薬物濫用とドーピングの規制

1879年の6日間自転車競走で，カフェイン，アルコール飲料，ニトログリセリン，ヘロインなどの麻薬類が使用された。20世紀前半には医学，薬学の進歩と医薬品の開発に伴い，アンフェタミンに代表される興奮剤が多く使用され，20世紀中頃には筋肉強化剤として，蛋白同化剤やテストステロンが使用され始めた。近年では血液ドーピングや$\beta-2$ agonist（クレンブテロール）などが開発されている。またドーピングの摘発を忌避するために利尿薬を服用したり，尿に対する小細工やすり替えといった不正行為も行われている。

オリンピック大会でドーピングコントロール（規制）が初めて正式に行われたのは，1968年のグルノーブル冬季，メキシコ夏季オリンピック大会からである。今日，ドーピング薬物としてリストアップされた薬物は，自律神経系に作用する薬剤，中枢神経刺激剤，麻薬鎮痛剤，抗うつ剤，精神安定剤であり，これらドープリストに示された薬物がサンプルから検出されると，ドーピング反応陽性と判断される。

## 3 ── アンチドーピング

IOC（国際オリンピック委員会）は，「アンチ・ドーピング国際オリンピック憲章」を1988年に発表し，世界各国のスポーツ界にドーピングコントロールを中心としたアンチドーピングをよびかけているが，逆に年々優れたドーピング薬物が開発され，巧妙に使用され，検出する側と互いに「いたちごっこ」を繰り返しているのが現状である。

## 4 ── 日本の現状

日本で最初にドーピングコントロールを実施した大会は、1985年のユニバーシアード神戸大会である。IOCが出場する日本代表選手を対象に事前にドーピング検査を実施した。日本のスポーツ界はIOC認定のドーピング分析機関を有し、検体採取のサポートを行ってはいるが、アンチドーピングに関する確立した国内の統一システムや整備機関が存在しないのが現状である。

# 2 ドーピング薬物

## 1────スポーツになぜ薬物使用を必要とするのか

スポーツ競技会はある時期や期間内の限られた日数の中で競技が行われる。そうした中で，薬物使用に対する誘因は多くなることが考えられる。

第一に，スポーツ選手に病気や怪我が生じた場合，競技の日程上，時間をかけて治療を行うことは困難なことが多く，薬や鎮痛剤による治療がしばしば行われることがあげられる。次に競技を行う場合，相手よりも少しでも有利な状態で対戦し，勝利を導こうとするために薬物の効果に頼るものである。前者の薬物療法は，一般的な薬物療法と変わらないが，後者は，薬物の効果を不正に利用した方法である。

## 2────ドーピングの分類と禁止方法

〈1　使用してはいけない薬物〉

①興奮剤──興奮剤は中枢神経系を刺激することにより敏捷性を向上，疲労感を減少させ，競技能力や闘争心を高める作用がある。薬物として，アンフェタミン，コカイン，カフェイン，エフェドリン等があげられる。アンフェタミンとその関連物は，食欲の減退，情緒の変化などを起こし，禁断現象として肉体的・精神的な中毒症状が現れることがある。服用していた選手がスポーツ競技中に死亡した例がいくつかあり，最も危険な薬物とされている。

②カフェイン──お茶やコーヒーにも含まれていて，疲労感をとり，運動能力を高める作用があるとされている。

③麻薬性鎮痛剤──これは中等度から高度の痛みを抑制する鎮痛剤として使用されるが，呼吸機能の低下などの副作用がある。

④蛋白同化剤──男性ホルモン，蛋白同化ステロイドは，スポーツ界において筋肉増強剤として，筋力の強化や筋肉の増加などの目的で使用されている。副作用として，男性では性腺，副性器の萎縮，性機能低下，女性では多毛，

103

音声低下，月経障害などがある。
⑤利尿剤——治療の目的では血圧降下剤や浮腫治療剤として使用されるが，治療以外の目的として，薬物を使用したスポーツ選手が尿のドーピングテストから逃れるために禁止薬物や代謝物の尿中濃度を下げるために使用したり，体重別種目において，急速な減量を目的として使用することがある。
⑥ペプチドホルモンおよび同族体——胎盤性性腺刺激ホルモンや成長ホルモン等の乱用により，糖尿病やアレルギー症状を引き起こすなどの副作用がある。

〈2 行ってはいけない行為〉
①血液ドーピング——持久力を必要とする選手に赤血球を投与することにより，最大酸素性運動能力を高め，競技成績を上げることを目的とした行為である。
②薬理学的・化学的・物理学的不正行為——薬物の服用により，ドーピング薬物が尿中に排出されるのを抑制する処置やドーピングコントロールに使用する尿を他の尿と取り替えたりする行為である。

〈3 使用制限のある薬物〉
　アルコール，大麻，局所麻酔剤，$\beta$－遮断剤，副腎皮質ステロイドは，禁止薬物として取り扱われていないが，競技連盟によっては検査される場合がある。また局所麻酔剤は禁止薬物であっても治療目的上必要である場合は，使用薬物，使用箇所を限って認められる。

### 引用・参考文献
1) 市川宣恭『スポーツ指導者のためのスポーツ外傷・障害』南江堂　1992
2) 久松栄一郎他編『スポーツ医学』杏林書院体育の化学社　1965
3) 栗山節郎「筋疲労と理学療法」『体育の科学』Vol.40(5)　日本体育学会　1990
4) 矢部京之助『疲労と体力の科学』講談社　1986
5) 「平成元年度厚生科学研究費補助金（特別研究事業）」主催研究者・野崎貞彦
6) 井形高明他編『新・子どものスポーツ医学』南江堂　1997
7) 森基要他編『新スポーツ健康学』みらい　1993
8) 手嶋昇『スポーツ障害とテーピング』不昧堂出版　1980
9) 財団法人日本体育協会『アスレティックトレーナー専門科目テキスト』1997
10) 山地啓司『心臓とスポーツ』共立出版　1982

# 第5章 スポーツと栄養

## 第1節──栄養とエネルギー代謝

### ① 栄養の重要性

　人類にとって飢えから解放されることは，長い間，重大な問題であった。現代のように食物が満ちあふれ，好きなものをほぼ自由に選べる時代が到来したのはごくごく最近のことに過ぎない。第2次大戦直後の日本はかなりの期間にわたって飢えに苦しめられていたし，発展途上国の多くや紛争，内乱の続く国々では今なお，飢餓，栄養素欠乏の解消が急務である。

　現在の我が国をはじめとする先進諸国では安定した食糧事情の下で，個々人がいかに健康増進に見合った食物の選択をするかが新たな問題となってきている。典型的な栄養素欠乏症はみられなくなった反面，不規則な食生活や嗜好に偏った食事など，食本来の目的からはずれた行動が多くみられ，その結果，ある種の栄養素の過剰摂取や偏った摂取による健康障害（肥満，高血圧，動脈硬化，癌など）が多発するに至ったからである。

　食物として摂取された栄養素は，生体内で分解・吸収され，血・肉・骨などの体組織をつくったり，生存，活動のためのエネルギーとして利用される。食生活の意味は，その日の活動エネルギーの確保といった短期的な目的のみではなく，身体の形成，疾病の予防，心の安らぎなど，生涯を通じた長期にわたる心身の健康保持・増進と深くかかわるものである。人の健康に影響をおよぼす因子の中では，最も基本的で重要であると考えてよい。

## ② 食生活と健康

### 1 ── 栄養と食品

　食事の最も基本的な機能は，食品に含まれている栄養素を体内に摂り入れて自己の生命の維持や成長，また日常の生活活動のエネルギーとして利用することである。食べ物にはいろいろな成分が含まれているが，我々の体内で利用されるものは6～7種類に分類できる（図5-1）。

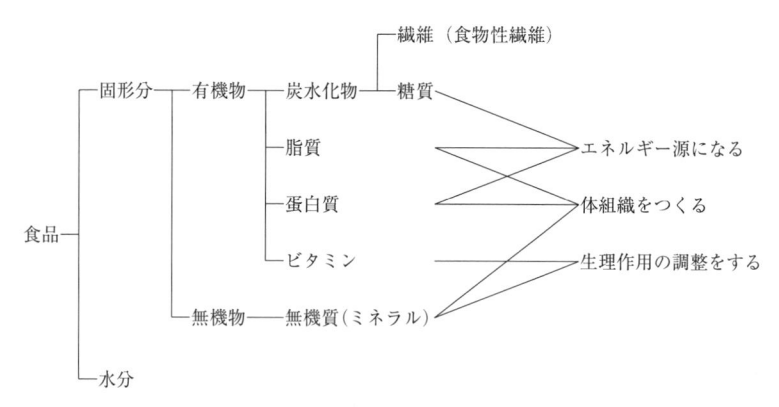

```
                             ┌─繊維（食物性繊維）
                   ┌─炭水化物┤
          ┌─有機物─┤         └─糖質            ─エネルギー源になる
          │        ├─脂質
 ┌─固形分─┤        ├─蛋白質                   ─体組織をつくる
 │        │        └─ビタミン
食品─┤        │                                 ─生理作用の調整をする
 │        └─無機物──無機質(ミネラル)
 │
 └─水分
```

　　　　図5-1　食品の成分と栄養素としての主な働き

　このうち，糖質・脂質・蛋白質を三大栄養素（三大熱量素），無機質およびビタミン（保全素）を含めた5種類を五大栄養素と一般に呼んでいる。糖質，脂質および蛋白質は主として体温保持や生活活動などのエネルギー源として利用される。蛋白質，脂質（りん脂質・コレステロール）および無機質は体組織の構成要素として，ビタミンおよび無機質は生理作用の調整物質として機能している。また体構成成分のうちで最大量を占めている水分は，栄養素としての働きはないが我々が生きていく上でなくてはならない重要な物質である。さらに炭水化物の一種の食物繊維は，近年発症率の高い虚血性心疾患や大腸癌などの疾患を抑制する効果が特に注目されている。

## 2 ── 食事摂取基準と健康

　食事摂取基準は，我々が心身ともに健全な発育・成長をし，かつ健康の維持・増進と疾病予防，さらにエネルギー・栄養素欠乏症の予防並びに過剰摂取による健康障害の予防を目的としてエネルギーおよび各栄養素（糖質，食物繊維，脂質，たんぱく質などの三大栄養成分，そしてビタミン類13項目，ミネラル類11項目などの微量栄養成分）の摂取量の基準を示したものである。すなわち現在の日本人の食事摂取基準は，健康で活動的な生活を送るために必要な栄養素の摂取量の目安といえる（表5-1，表5-2）。

## 3 ── 食事パターンと健康影響

　現代の食生活は，ややもすると食事の内容（質・量），食事の摂り方ともに不均衡・不規則になりやすい。このような変化に対し，我々の身体は，ある程度の対応・調節は可能であるが，許容以上の不規則が続くと対応不可能となり，健康に破綻をきたしてしまうことになる。

　我々は個別の栄養素を摂取するのではなく，それらを含む食品を摂取しているので，特定の栄養素のみを減らしたり増やしたりするのは実は容易ではない。エネルギー過剰状態においてはほとんど例外なく脂肪や蛋白質の過剰を伴っている。逆にエネルギー欠乏状態においては何種類もの栄養素の欠乏がみられるのが普通で，例えば鉄欠乏状態では動物性食品，特に蛋白質の摂取不足が多くみられる。そもそも私たちの食事は，住んでいる地域や習慣，経済性などによって制約を受ける。栄養価が高いという理由だけでなく，その人の身体状況や生活環境を考慮して，何をどのように選んで調理し，いつ，どのくらい食べるかを判定し，実行することが最も大切なことである。このようにして，私たちは健康を保ち，病気を予防し，あるいは病気から回復することができる。

表5-1 日本人の食事摂取

〈成人期・高齢期〉

| 栄養素の分類 | 栄養素等名 | 指標 | 成人期男性 ||| 成人期女性 |
|---|---|---|---|---|---|---|
| | | | 18〜29歳 | 30〜49歳 | 50〜69歳 | 18〜29歳 |
| エネルギー・マクロ栄養素 | エネルギー* (kcal) | EER | 2,650 | 2,650 | 2,400 | 2,050 |
| | たんぱく質 (g) | RDA | 60 | 60 | 60 | 50 |
| | 総脂質 (%エネルギー) | DG | 20以上30未満 | 20以上25未満 | 20以上25未満 | 20以上30未満 |
| | 飽和脂肪酸 (%エネルギー) | DG | 4.5以上7.0未満 | 4.5以上7.0未満 | 4.5以上7.0未満 | 4.5以上7.0未満 |
| | $n$-6系脂肪酸 (g) | AI | 12 | 11 | 10 | 10 |
| | $n$-3系脂肪酸 (g) | DG | 2.6以上 | 2.6以上 | 2.9以上 | 2.2以上 |
| | コレステロール (mg) | DG | 750未満 | 750未満 | 750未満 | 600未満 |
| | 炭水化物 (%エネルギー) | DG | 50以上70未満 | 50以上70未満 | 50以上70未満 | 50以上70未満 |
| *身体活動レベルⅡ | 食物繊維 (g) | DG | 20 | 20 | 20 | 17 |
| 水溶性ビタミン | ビタミン$B_1$[1] (mg) | RDA | 1.4 | 1.4 | 1.3 | 1.1 |
| | ビタミン$B_2$[1] (mg) | RDA | 1.6 | 1.6 | 1.4 | 1.2 |
| | ナイアシン (mgNE) | RDA | 15 | 15 | 14 | 12 |
| | ビタミン$B_6$[1] (mg) | RDA | 1.4 | 1.4 | 1.4 | 1.2 |
| | 葉酸[2] ($\mu$g) | RDA | 240 | 240 | 240 | 240 |
| | ビタミン$B_{12}$ ($\mu$g) | RDA | 2.4 | 2.4 | 2.4 | 2.4 |
| | ビオチン ($\mu$g) | AI | 45 | 45 | 45 | 45 |
| | パントテン酸 (mg) | AI | 6 | 6 | 6 | 5 |
| | ビタミンC (mg) | RDA | 100 | 100 | 100 | 100 |
| 脂溶性ビタミン | ビタミンA ($\mu$gRE) | RDA[4] | 750 | 750 | 700 | 600 |
| | | UL[5] | 3,000 | 3,000 | 3,000 | 3,000 |
| | ビタミンE[6] (mg) | AI | 9 | 8 | 9 | 8 |
| | | UL | 800 | 800[3] | 800 | 600 |
| | ビタミンD ($\mu$g) | AI | 5 | 5 | 5 | 5 |
| | | UL | 50 | 50 | 50 | 50 |
| | ビタミンK ($\mu$g) | AI | 75 | 75 | 75 | 60 |

108

第 5 章　スポーツと栄養

**基準（2005年版）(1)（抜粋）**

| 成人期女性 | | 高齢期男性 | 高齢期女性 | 妊婦（＊以外は付加量） | | | 授乳婦（＊以外は付加量） |
|---|---|---|---|---|---|---|---|
| 30〜49歳 | 50〜69歳 | 70歳以上 | 70歳以上 | 初期 | 中期 | 末期 | |
| 2,000 | 1,950 | 1,850 | 1,550 | ＋50 | ＋250 | ＋500 | ＋450 |
| 50 | 50 | 60 | 50 | ＋10 | | | ＋20 |
| 20以上25未満 | 20以上25未満 | 15以上25未満 | 15以上25未満 | 20以上30未満＊ | | | 20以上30未満＊ |
| 4.5以上7.0未満 | 4.5以上7.0未満 | 4.5以上7.0未満 | 4.5以上7.0未満 | 4.5以上7.0未満＊ | | | 4.5以上7.0未満＊ |
| 9.5 | 9.0 | 8.0 | 7.0 | 9.0＊ | | | 10＊ |
| 2.2以上 | 2.5以上 | 2.2以上 | 2.0以上 | −(AI:2.1)＊ | | | −(AI:2.4)＊ |
| 600未満 | 600未満 | 750未満 | 600未満 | 600未満＊ | | | 600未満＊ |
| 50以上70未満 | 50以上70未満 | 50以上70未満 | 50以上70未満 | — | — | — | — |
| 17 | 18 | 17 | 15 | — | — | — | — |
| 1.1 | 1.0 | 1.0 | 0.8 | ＋0 | ＋0.1 | ＋0.3 | ＋0.1 |
| 1.2 | 1.2 | 1.1 | 0.9 | ＋0 | ＋0.2 | ＋0.3 | ＋0.4 |
| 12 | 11 | 11 | 9 | ＋0 | ＋1 | ＋3 | ＋2 |
| 1.2 | 1.2 | 1.4 | 1.2 | ＋0.8 | | | ＋0.3 |
| 240 | 240 | 240 | 240 | ＋200 | | | ＋100 |
| 2.4 | 2.4 | 2.4 | 2.4 | ＋0.4 | | | ＋0.4 |
| 45 | 45 | 45 | 45 | ＋2 | | | ＋4 |
| 5 | 5[3] | 6 | 5 | ＋1 | | | ＋4 |
| 100 | 100 | 100 | 100 | ＋10 | | | ＋50 |
| 600 | 600 | 650 | 550 | ＋70 | | | ＋420 |
| 3,000 | 3,000 | 3,000 | 3,000 | — | | | — |
| 8 | 8 | 7 | 7 | ＋0 | | | ＋3 |
| 700 | 700 | 700 | 600 | — | | | — |
| 5 | 5 | 5 | 5 | ＋2.5 | | | ＋2.5 |
| 50 | 50 | 50 | 50 | — | | | — |
| 65 | 65 | 75 | 65 | ＋0 | | | ＋0 |

109

表5-2 日本人の

| 栄養素の分類 | 栄養素等名 | 指標 | 成人期男性 18〜29歳 | 成人期男性 30〜49歳 | 成人期男性 50〜69歳 | 成人期女性 18〜29歳 |
|---|---|---|---|---|---|---|
| ミネラル | マグネシウム (mg) | RDA | 340 | 370 | 350 | 270 |
| | カルシウム (mg) | AI | 900 | 650 | 700 | 700 |
| | | DG | 650 | 600[3] | 600 | 600[3] |
| | | UL | 2,300 | 2,300 | 2,300 | 2,300 |
| | リン (mg) | AI | 1,050 | 1,050 | 1,050 | 900 |
| | | UL | 3,500 | 3,500 | 3,500 | 3,500 |
| 微量元素 | クロム ($\mu$g) | RDA | 40 | 40 | 35 | 30 |
| | モリブデン ($\mu$g) | RDA | 25 | 25 | 25 | 20 |
| | | UL | 300 | 320 | 300 | 240 |
| | マンガン (mg) | AI | 4.0 | 4.0 | 4.0 | 3.5 |
| | | UL | 11 | 11 | 11 | 11 |
| | 鉄[8] (mg) | RDA | 7.5[3] | 7.5 | 7.5 | 10.5(6.5)[3] |
| | | UL | 50 | 55 | 50 | 40 |
| | 銅 (mg) | RDA | 0.8 | 0.8[3] | 0.8 | 0.7 |
| | | UL | 10 | 10 | 10 | 10 |
| | 亜鉛 (mg) | RDA | 9 | 9 | 9 | 7 |
| | | UL | 30 | 30 | 30 | 30 |
| | セレン ($\mu$g) | RDA | 30 | 35 | 30 | 25 |
| | | UL | 450 | 45 | 45 | 350 |
| | ヨウ素 ($\mu$g) | RDA | 150 | 150 | 150 | 150 |
| | | UL | 3,000 | 3,000 | 3,000 | 3,000 |
| 電解質 | ナトリウム[9] (mg) | EAR | 600 | 600 | 600 | 600 |
| | カリウム[10] (mg) | AI | 2,000 | 2,000 | 2,000 | 1,600 |

注) EER：推定エネルギー必要量, EAR：推定平均必要量, RDA：推奨量, AI：目安量, DG：
1) 身体活動レベルⅡの推定エネルギー必要量を用いて算定.
2) 妊娠を計画している女性, または, 妊娠の可能性がある女性は, 神経管閉鎖障害のリスク
3) 前後の年齢階級における値を考慮して, 値の平滑化を行った.
4) プロビタミン・カロテノイドを含む.
5) プロビタミン・カロテノイドを含まない.
6) $\alpha$-トコフェロールについて算定した. $\alpha$-トコフェロール以外のビタミンEは含んでい
7) 付加量は設けないが, 目安量をめざして摂取することが勧められる. 妊娠中毒症の胎盤機
8) 過多月経（月経出血量が80ml/回以上）の者を除外して策定した. 成人期女性（18〜69歳）
9) エネルギー摂取量の測定が可能な場合は, 1〜69歳（男女）で4.5g/1,000kcal未満.
10) 体内のカリウム平衡を維持するために適正と考えられる値を目安量として設定した.

『日本人の食事摂取基準 2005年版』第一出版 2005

## 食事摂取基準 (2)

| 成人期女性 30〜49歳 | 50〜69歳 | 高齢期男性 70歳以上 | 高齢期女性 70歳以上 | 妊婦（*以外は付加量）初期 | 中期 | 末期 | 授乳婦（*以外は付加量） |
|---|---|---|---|---|---|---|---|
| 280 | 290 | 310 | 270 | +40 | | | +0 |
| 600[3] | 700 | 750 | 650 | +0[7] | | | +0[7] |
| 600[3] | 600 | 600 | 550 | ― | ― | ― | ― |
| 2,300 | 2,300 | 2,300 | 2,300 | ― | ― | ― | ― |
| 900 | 900 | 1,000 | 900 | +0 | | | +0 |
| 3,500 | 3,500 | 3,500 | 3,500 | ― | ― | ― | ― |
| 30 | 30 | 30 | 25 | ― | ― | ― | ― |
| 20 | 20 | 25 | 20 | ― | ― | ― | ― |
| 250 | 250 | 270 | 230 | ― | ― | ― | ― |
| 3.5 | 3.5 | 4.0 | 3.5 | +0 | | | +0 |
| 11 | 11 | 11 | 11 | ― | ― | ― | ― |
| 10.5(6.5) | 10.5(6.5) | 6.5 | 6.0 | +13.0 | | | +2.5 |
| 40 | 45 | 45 | 40 | ― | ― | ― | ― |
| 0.7 | 0.7 | 0.8 | 0.7 | +0.1 | | | +0.6 |
| 10 | 10 | 10 | 10 | ― | ― | ― | ― |
| 7 | 7 | 8 | 7 | +3 | | | +3 |
| 30 | 30 | 30 | 30 | ― | ― | ― | ― |
| 25 | 25 | 3 | 25 | +4 | | | +20 |
| 350 | 350 | 400 | 350 | ― | ― | ― | ― |
| 150 | 150 | 150 | 150 | +110 | | | +190 |
| 3,000 | 3,000 | 3,000 | 3,000 | ― | ― | ― | ― |
| 600 | 600 | 600 | 600 | ― | ― | ― | ― |
| 1,600 | 1,600 | 2,000 | 1,600 | +0 | | | +370 |

目標量，UL：上限量

の低減のために，400μg/日の摂取が望まれる。

ない。
能低下がある場合は積極的なカルシウム摂取が必要である。
の鉄の（ ）内は月経なしの数値である。

111

## 4 ── 食生活の指針

我々は普通，様々な食品を一緒に調理したものを食べている。したがって，食事の指針として，摂取すべき栄養素の量を重量で示すことは，個々の食品の構成から栄養素の含有量を計算しなければならないことになって，実用上ははなはだ不便である。そこで，各食品を基礎食品群に分け，1日の食事に各基礎食品群がすべて入っているように心がけ，ライフサイクルによって，摂る分量と比率を変えるという方式が利用されている。表5－3に示した分類では，1群が

### 表5－3　6基礎食品群と摂取の目安
―毎日の食事に必ず6群全てを組み合わせましょう―

| 群別 | 1 群 | | | 2 群 | | 3 群 | 4 群 | | 5 群 | | | 6 群 |
|---|---|---|---|---|---|---|---|---|---|---|---|---|
| | 肉・魚卵 | 大豆とその製品 | みそ | 乳類 | 海草 | 緑黄色野菜 | その他の野菜 | 果物 | 米 | いも類 | 砂糖 | 油脂 |
| 食品名（主な食品） | 牛肉，豚肉，鶏肉，ハム，ソーセージ，サバ，まぐろ，とうふ，納豆，きなこ，みそ，卵 | | | 牛乳，発酵乳，チーズ，わかめ，ひじき，もずく，のり，煮干，骨ごと食べられる魚 | | ほうれん草など青葉類，にんじん，にら，ピーマン，かぼちゃ | 大根，白菜，ねぎ，きゅうり，キャベツ，もやし，トマト，りんご，みかん，いちご | | 米，小麦粉，パン，めん類，さつまいも，じゃがいも，砂糖 | | | バター，マーガリン，ごま油，サラダ油，マヨネーズ |
| 主な栄養成分 | 蛋白質 | | | 無機質（カルシウム） | | カロチン | ビタミンC | | 糖質 | | | 脂肪 |
| その他の栄養成分 | カルシウム 鉄 ビタミンA, B₁, B₂ 脂肪 | | | ビタミンB₂ 蛋白質 よう素 | | ビタミンA, C カルシウム 鉄 | ビタミン B₁, B₂ カルシウム | | ビタミン B₁, C | | | リノール酸 ビタミン A, D, E |
| 主な働き | 筋肉や骨などを作る エネルギー源となる | | | 骨・歯をつくる 体の各機能を調節する | | 皮膚や粘膜の保護 体の各機能を調節する | 体の各機能を調節する | | エネルギー源となる 体の各機能を調節 | | | エネルギー源となる |
| 使用頻度の高い食品の重量例（目安量） | 魚切身1枚 80g 卵 1個 60g みそ大さじ1杯 20g | | | 牛乳コップ1杯 20g スキムミルク大さじ1杯 10g すしのり1枚 3g | | ○ほうれん草1株 25g ○ピーマン1個 30g ○にんじん1本 200g | ○りんご1個 250g ○もやし1袋 300g ○きゅうり1本 80g | | ごはん茶わん1杯 100g 食パン（厚さ2cm）1枚 70g ○じゃがいも1個 150g | | | 食用油大さじ1杯 9g |
| ※ 年齢別・性別の食品構成例（g／日） | 中学生 男 | 150 | 75 | 80 | 20 | 400 | 2 | 100 | 200 | 200 | 350 | 80 | 20 | 30 |
| | 中学生 女 | | | | | | | | | | 330 | | | 25 |
| | 高校生 短大生 男 | 150 | 75 | 80 | 20 | 400 | 2 | 100 | 200 | 200 | 400 | 80 | 20 | 35 |
| | 高校生 短大生 女 | | 50 | | | 200 | | | | | 300 | | | 25 |
| | 大学生 成人 男 | 120 | 50 | 80 | 20 | | 2 | 100 | 200 | 200 | 380 | 80 | 20 | 30 |
| | 大学生 成人 女 | | | | | | | | | | 270 | | | 20 |

○　中程度の大きさのもの

大森　1992に，石渡ら　1991（※印）を加えて加筆した

蛋白質源，2群はカルシウム源，3群はビタミンA，Cおよびミネラル源，4群はビタミンCおよびミネラル源，5群はエネルギー源，6群はエネルギー源がそれぞれ中心になっており，「蛋白質源：ビタミンおよびミネラル源：エネルギー源」の比率をおよそ1：2：3の割合に配分するのが望ましいとされている。しかし現実には，季節はずれの野菜・果物にみられがちな栄養素（特にビタミン類）の含有量低下や加工食品の氾濫は栄養素摂取のアンバランスをさらに助長し，食品添加物等の摂取機会を増大させるなど，健康を守るための食生活をおびやかす因子は決して少なくない。

## ③ スポーツと栄養

### 1 ──エネルギー代謝率（RMR）
〈1　スポーツマンの望ましい食事摂取基準〉

　私達が健康を維持し，毎日を活発に快適な生活をするためには，ある一定の栄養素が必要である。この栄養素の摂取目安を食事摂取基準として示している。

　自分の日常の生活が生活活動強度の3区分（p.118表5-6参照）に該当しない人，特に日常，運動・スポーツを実施している人はエネルギー代謝率を求め，それに合った栄養必要量を算出し，望ましい食生活をすることが大切である。

　エネルギー代謝率（RMR）は，座る，立つ，歩くを基本として行う動作の激しさを示すものである。安静時の代謝量は基礎代謝量の1.2倍とされるので，時間当たりの代謝率は，以下の式を用いて概算できる。

$$RMR = \frac{運動時の代謝量 - 基礎代謝量 \times 1.2}{基礎代謝量}$$

運動を行うことにより生じるエネルギー消費の増加分は運動の種類と激しさが同じなら基礎代謝に比例する。

〈2　さまざまな活動や運動のエネルギー代謝率〉

　表5-4にいろいろな動作や運動のエネルギー代謝率を示す。また，体重1kg当たり1分間当たりの代謝量を示すが，これを活動代謝（Ea）という。この

### 表5-4 日常生活活動と運動の強度の目安（20歳代の男子）

| 日常生活活動と運動の種類 | エネルギー代謝率 (RMR) | エネルギー消費量 (kcal/kg/分)(Ea) |
|---|---|---|
| 非常に弱い運動 | 1.0未満 | |
| 　睡眠 | 基礎代謝の90% | 0.017 |
| 　休息・談話（座位） | 0.2 | 0.023 |
| 　教養（読む，書く，観る） | 0.2 | 0.023 |
| 　談話（立位） | 0.3 | 0.025 |
| 　食事 | 0.4 | 0.027 |
| 　身の回り（身じたく，洗面，便所） | 0.5 | 0.029 |
| 　裁縫（繕い，ミシンかけ） | 0.5 | 0.029 |
| 　趣味・娯楽（生花，茶の湯，麻雀，楽器演奏など） | 0.5 | 0.029 |
| 　自動車の運転 | 0.5 | 0.029 |
| 　机上事務（記帳，算盤，ワープロ，OA機器の使用） | 0.6 | 0.030 |
| 弱い運動 | 1.0～2.5 | |
| 　乗物（電車，バス，立位） | 1.0 | 0.038 |
| 　靴磨き | 1.1 | 0.039 |
| 　ゆっくりした歩行（買物，散歩） | 1.5 | 0.046 |
| 　洗濯　電気洗濯機 | 1.2 | 0.041 |
| 　　　　手洗い | 2.2 | 0.059 |
| 　　　　干す，とりこむ | 2.2 | 0.059 |
| 　　　　アイロンかけ | 1.5 | 0.046 |
| 　炊事（準備，片づけ） | 1.6 | 0.048 |
| 　掃除　電気掃除機 | 1.7 | 0.050 |
| 　　　　掃く | 2.2 | 0.059 |
| 　家庭菜園，草むしり | 2.0 | 0.055 |
| 　ふつうの歩行（通勤，買物） | 2.1 | 0.057 |
| 　入浴 | 2.3 | 0.061 |
| 　育児（背負って歩く） | 2.3 | 0.061 |
| 　ゲートボール | 2.0 | 0.055 |
| 　バレーボール（9人制） | 2.1 | 0.057 |
| 　日本舞踊（春雨） | 2.1 | 0.057 |
| ふつうの運動 | 2.5～6.0 | |
| 　自転車（ふつうの速さ） | 2.6 | 0.066 |
| 　階段を降りる | 3.0 | 0.073 |
| 　掃除，雑巾かけ | 3.5 | 0.082 |
| 　急ぎ足（通勤，買物） | 3.5 | 0.082 |
| 　布団　あげおろし | 3.5 | 0.082 |
| 　　　　干す，とりこむ | 4.9 | 0.107 |
| 　階段昇降 | 4.6 | 0.101 |
| 　ボーリング | 2.5（1.5～3.5） | 0.064 |
| 　ソフトボール（平均） | 2.5（1.5～3.5） | 0.064 |
| 　　投手 | 3.0（2.0～4.0） | 0.073 |
| 　　野手 | 2.0（1.5～3.5） | 0.055 |

第 5 章　スポーツと栄養

| | | |
|---|---|---|
| 野球（平均） | 2.7（2.5～4.0） | 0.068 |
| 　投手 | 4.0（3.0～5.0） | 0.091 |
| 　野手 | 2.5（2.0～3.0） | 0.064 |
| キャッチボール | 3.0（2.0～4.0） | 0.073 |
| ゴルフ（平地） | 3.0（2.0～4.0） | 0.073 |
| ダンス（軽い） | 3.0（2.5～3.5） | 0.073 |
| 　　　（活発な） | 5.0（4.0～6.0） | 0.108 |
| サイクリング（10km/時） | 3.4 | 0.080 |
| ラジオ・テレビ体操 | 3.5（2.0～5.0） | 0.082 |
| 日本民謡の踊り（秋田音頭など） | 4.0（2.5～6.0） | 0.091 |
| エアロビックダンス | 4.0（3.0～5.0） | 0.091 |
| ハイキング（平地） | 3.0（2.5～4.0） | 0.073 |
| 　　　　　（山地） | 4.5（3.6～6.0） | 0.100 |
| ピンポン | 5.0（4.0～7.0） | 0.108 |
| ゴルフ（丘陵） | 5.0（3.5～6.5） | 0.108 |
| ボート，カヌー | 5.0（2.0～8.0） | 0.108 |
| 強い運動 | 6.0以上 | |
| 　段階を上る | 6.5 | 0.135 |
| 　テニス | 6.0（4.0～7.0） | 0.126 |
| 　雪上スキー　滑降 | 6.0（4.0～8.0） | 0.126 |
| 　　　　　　　クロスカントリー | 9.0（6.0～13.0） | 0.179 |
| 　水上スキー | 6.0（5.0～7.0） | 0.126 |
| 　バレーボール | 6.0（4.0～7.0） | 0.126 |
| 　バドミントン | 6.0（6.0～9.0） | 0.126 |
| 　ジョギング（120m/分） | 6.0（5.0～7.0） | 0.126 |
| 　登山（平均） | 6.0 | 0.126 |
| 　　上り | 8.0（6.0～10.0） | 0.161 |
| 　　下り | 5.0（5.0～6.0） | 0.108 |
| 　柔道，剣道 | 6.0（3.0～9.0） | 0.126 |
| 　サッカー，ラグビー，バスケットボールなど | 7.0（5.0～9.0） | 0.144 |
| 　スケート（アイス，ローラー） | 7.0（6.0～8.0） | 0.144 |
| 　水泳　遠泳 | 8.0（6.0～10.0） | 0.161 |
| 　　　　横泳 | 8.0 | 0.161 |
| 　　　　平泳 | 10.0 | 0.197 |
| 　　　　クロール | 20.0 | 0.374 |
| 　縄とび（60～70回/分） | 8.0（7.0～9.0） | 0.161 |
| 　ジョギング（160m/分） | 8.5（7.0～10.0） | 0.170 |
| 　筋力トレーニング（平均） | 9.6 | 0.190 |
| 　　腹筋運動 | 7.6 | 0.154 |
| 　　ダンベル運動 | 11.5 | 0.223 |
| 　　バーベル運動 | 8.7 | 0.174 |
| 　日本民謡の踊り（阿波踊りなど） | 12.0（11.0～14.0） | 0.232 |
| 　ランニング（200m/分） | 12.0（11.0～13.0） | 0.232 |

注）（　）内は範囲を示した
日本体育施設協会『B級教師教本』1991

表5－5　活動代謝係数

| 年齢（歳） | 男 | 女 |
|---|---|---|
| 16～ | 1.12 | 1.02 |
| 17～ | 1.09 | 1.00 |
| 18～ | 1.07 | 0.99 |
| 19～ | 1.05 | 0.98 |
| 20～ | 1.00 | 0.96 |
| 30～ | 0.95 | 0.91 |
| 40～ | 0.93 | 0.87 |
| 50～ | 0.93 | 0.86 |
| 60～ | 0.91 | 0.86 |
| 70～ | 0.89 | 0.87 |

注）20～29歳の男子基礎代謝基準値を基準として算出
出典　表5－4に同じ

表は20歳代の男子の数値なので，年齢，性別には表5－5に示した係数を乗じることが必要である。各活動によるエネルギー消費量は，この各Ea値に体重と所要時間を乗じることにより求められる。

## 2 スポーツにおける栄養素の役割

〈1　種目や個人差に応じた栄養補給の重要性〉

　スポーツマンの運動能力の向上にトレーニングの重要性は十分認識されているのが普通だが，身体づくりの重要な柱である食事や栄養補給は軽視されていることがあまりに多い。

　スポーツマンの食事や栄養補給は運動の種目や個人差はあるにせよ，それぞれに適した内容の食事・栄養補給でなければならない。しかし栄養学の立場からみると，不適切な食事をしているにもかかわらず，それを意識しなかったり，改善されないでいる場合がある。食事や栄養補給において，正しい知識や認識がスポーツマンの体力づくりや運動能力の向上に果たす役割は極めて大きいものである。

　食事で摂取する食べ物の中には，いろいろな成分（栄養素）が含まれている。

体内で利用されるものは，大きく分けて6～7種類に分類される（第5章第1節①参照）。中でも糖質，脂質，蛋白質は三大栄養素又は三大熱量素といい，一般人が健康の保持・増進を目的とする場合は，通常この比率を，糖質55～60％，蛋白質12～15％で脂質の値を25％を上限とする。これに対しスポーツマンの場合は必要エネルギーや栄養素の確保および胃腸の負担軽減を考慮して，この比率を多少変化させることも時には大切となる（第5章第2節参照）。

その他無機質（ミネラル）とビタミン類を保全素といい，ミネラルの一部は体の組織の構成要素として，あるいは体内部の環境を一定に保ち，体のいろいろな働きを調節する作用を持つ。またビタミン類は生体の生理機能を調節し，物質代謝を完全に営ませる有機化合物である。またストレス下や試合等においてはビタミン類（特にA，C，B群）の消費が高まる。

これらのことを考慮し，発育の盛んな青少年やトレーニング期のスポーツマンの栄養については五大栄養素の効果的な摂取割合を考えなければならない。また，スポーツの種類やスポーツ特性によっても摂取割合の調整が必要となる。

# 第2節──スポーツにおける栄養補給と水分補給

## ① 運動と栄養補給

運動をするとその強度（活動度）に応じてエネルギーが消費される。その際，エネルギーの補給が不十分であると，体脂肪，体蛋白質がエネルギー源となる。体脂肪含有量が少ない人の場合は筋肉蛋白の分解が起こることになるので注意を要する。

1───何をどれだけ食べればよいか？

最新の食事摂取基準は，性，年齢の他に体格，身体活動強度を考慮したものになっている（表5－6，表5－7）。運動を行う場合には，特にその中の生活活

動強度に応じた補正を参考にするとよい。運動により積極的に消費される栄養素——蛋白質，カルシウム，カリウム，ビタミン類（特に$B_1$，$B_2$，C）および水分などを多めに摂る必要がある。特に減量を目的としない場合は，総エネルギーの補給も必要である。なお，高度の競技スポーツを行う選手などにおいては，必要とされる食事の内容が一般の健康づくりを目指したものとは相当に異

表5－6　身体活動レベル別にみた活動内容と活動時間の代表例（15～69歳）

| 身体活動レベル[1] | | 低い（Ⅰ）<br>1.50<br>(1.40～1.60) | ふつう（Ⅱ）<br>1.75<br>(1.60～1.90) | 高い（Ⅲ）<br>2.00<br>(1.90～2.20) |
|---|---|---|---|---|
| 日常生活の内容<br>(activity factorの代表値：範囲) | | 生活の大部分が座位で，静的な活動が中心の場合。 | 座位中心の仕事だが，職場内での移動や立位での作業・接客など，あるいは通勤・買物・家事，軽いスポーツなどのいずれかを含む場合。 | 移動や立位の多い仕事への従事者。あるいは，スポーツなど余暇における活発な運動習慣をもっている場合。 |
| 個々の活動の分類（時間／日）[2] | 睡眠（1.0） | 8 | 7～8 | 7 |
| | 座位または立位の静的な活動<br>(1.5：1.1～1.9) | 13～14 | 11～12 | 10 |
| | ゆっくりした歩行や家事など低強度の活動<br>(2.5：2.0～2.9) | 1～2 | 3 | 3～4 |
| | 長時間持続可能な運動・労働など中強度の活動（普通歩行を含む）<br>(4.5：3.0～5.9) | 1 | 2 | 3 |
| | 頻繁に休みが必要な運動・労働など高強度の活動（7.0：6.0以上） | 0 | 0 | 0～1 |

注）[1] 代表値。カッコ内はおよその範囲。
　　[2] カッコ内はactivity factor (Af)：各身体活動における単位時間当たりの強度を示す値。基礎代謝の倍数で表す（代表値：下限～上限）。
資料）厚生労働省『食事摂取基準（2005年版）』

表5-7　エネルギーの食事摂取基準：推定エネルギー必要量

(kcal／日)

| 性別 | 男性 | | | 女性 | | |
|---|---|---|---|---|---|---|
| 身体活動レベル | Ⅰ | Ⅱ | Ⅲ | Ⅰ | Ⅱ | Ⅲ |
| 0～5(月)母乳栄養児 | ― | 600 | ― | ― | 550 | ― |
| 人工乳栄養児 | ― | 650 | ― | ― | 600 | ― |
| 6～11(月) | ― | 700 | ― | ― | 650 | ― |
| 1～2(歳) | ― | 1,050 | ― | ― | 950 | ― |
| 3～5(歳) | ― | 1,400 | ― | ― | 1,250 | ― |
| 6～7(歳) | ― | 1,650 | ― | ― | 1,450 | ― |
| 8～9(歳) | ― | 1,950 | 2,200 | ― | 1,800 | 2,000 |
| 10～11(歳) | ― | 2,300 | 2,550 | ― | 2,150 | 2,400 |
| 12～14(歳) | 2,350 | 2,650 | 2,950 | 2,050 | 2,300 | 2,600 |
| 15～17(歳) | 2,350 | 2,750 | 3,150 | 1,900 | 2,200 | 2,550 |
| 18～29(歳) | 2,300 | 2,650 | 3,050 | 1,750 | 2,050 | 2,350 |
| 30～49(歳) | 2,250 | 2,650 | 3,050 | 1,700 | 2,000 | 2,300 |
| 50～69(歳) | 2,050 | 2,400 | 2,750 | 1,650 | 1,950 | 2,200 |
| 70以上(歳)* | 1,600 | 1,850 | 2,100 | 1,350 | 1,550 | 1,750 |
| 妊婦　初期(付加量) | | | | +50 | +50 | +50 |
| 妊婦　中期(付加量) | | | | +250 | +250 | +250 |
| 妊婦　末期(付加量) | | | | +500 | +500 | +500 |
| 授乳婦　(付加量) | | | | +450 | +450 | +450 |

注)　*成人では，推定エネルギー必要量＝基礎代謝量（kcal／日）×身体活動レベルとして算定した。18～69歳では，身体活動レベルはそれぞれⅠ＝1.50，Ⅱ＝1.75，Ⅲ＝2.00としたが，70歳以上では，それぞれⅠ＝1.30，Ⅱ＝1.50，Ⅲ＝1.70とした。50～69歳と70歳以上で推定エネルギー必要量に乖離があるように見えるのはこの理由によるところが大きい。

資料　厚生労働省『日本人の食事摂取基準（2005年版）』

なる場合も少なくない。すなわち「身体によい」といわれる食事がスポーツにも適しているとは限らないのである。

## 2 ── 総エネルギーの補給

　一般人の健康づくりの一環として行う程度の運動の場合，運動による消費エネルギー増加分の補充は主に主食（ごはん，パン，めん類）を増やすことによって行うのが望ましい。主食と副食を同時に増やすことは往々にして摂取エネ

ギーの増加が運動による消費エネルギーの増加分を上回りがちであるばかりでなく，食物効率の高い食事を積極的に摂ることになるので，結局，運動による減量効果を相殺し，肥満につながりかねないことに注意しなくてはならない。

これに対し，運動によるエネルギー消費量が非常に多い（例えば一日のエネルギー必要量が3,500kcalを超える）場合は，食事の嵩を押さえて胃腸の負担を軽くするためにも，脂肪を増やし，脂肪から40％前後，糖質から45％前後，蛋白質から15％前後のエネルギーがそれぞれ得られるように配慮するとよい。こうした食事は生活習慣病予防のためには好ましいものではないが，激しい運動を行う際には必要とされるものである。

運動時のエネルギー消費量は，その人の体格，体力，スポーツ種目，トレーニングの条件，熟練度，日常の生活様式などの影響が大きい。厳密にはエネルギー消費量は同一人物であってもトレーニング時と試合時では異なる。したがって運動時のエネルギー所要量を正確に推定するのはかなり困難である[*2]。ここでは日常生活活動強度と活動指数を用いた簡易推定式を示す。

$$一日のエネルギー所要量 = \frac{一日の基礎代謝量 \times (1+x)}{0.9}$$

$$= \frac{[体重1kgあたりの一日基礎代謝量（表5-8）\times 体重] \times (1+x)}{0.9}$$

$x$：生活活動指数（表5-8）

---

\*1 糖質，蛋白質，脂肪のバランスがとれた食事（エネルギー比としてそれぞれ57〜65％，12〜13％，20〜30％）は最も食物効率が高い，すなわち最も効率よく成長する（あるいは太る）食事として工夫されたものである。したがって，これらは発育・成長期には申し分のないものであるにしても，成人の場合はバランスのとれた食事を過食すると，最も効率よく太ってしまうことに注意すべきである。

\*2 現実には大よその推定値をもとに，選手の体重増減，食欲などから食事の内容量を調整している。

表5－8　日常生活活動強度別基礎代謝と活動指数（20～29歳）

| 生活活動強度 | 体重当り1日基礎代謝量（kcal/kg/日） | 生活活動指数 | 該当するスポーツ，運動と職種の例 | |
|---|---|---|---|---|
| 軽い | 23.7 | 0.35<br><0.43 | 軽い運動（散歩など） | 技術的な仕事，事務的な仕事，管理的な仕事およびこれらに類似した内容の仕事に従事する人，さらに幼児のいない専業主婦にこのタイプが多い。 |
| 中等度 | 24.3 | 0.50<br>0.43～0.62 | 軽いスポーツ（ゲートボールなど） | 製造業，加工業，販売業，サービス業およびこれらに類似した仕事に従事する人，さらに乳・幼児の世話に手間のかかる主婦または自営業の婦人にこのタイプが多い。 |
| やや重い | 24.8 | 0.75<br>0.63～0.87 | 体操，卓球，バドミントン，水泳，飛び込み，フェンシング，アーチェリー，射撃，馬術，ヨット，スキージャンプ，剣道 | 農耕作業，漁業作業，建設およびこれらの作業に類似した仕事に従事する人にこのタイプが多い。 |
| 重い | 25.3 | 1.00<br>0.88～1.12 | 陸上競技，野球，サッカー，ホッケー，バレーボール，バスケットボール，テニス，ボクシング，柔道，相撲 | 伐木・運材作業，農繁期の農耕作業，プロのスポーツ選手およびこれらに類似した仕事に従事する人にこのタイプが多い。 |
| 非常に重い | 25.8 | 1.25<br>>1.12 | ボート，水泳，マラソン，ラグビー，アメリカンフットボール，自転車ロード，スキー，レスリング | |

橋本　1989

## ② 健康づくりを目的とした運動と栄養

　運動の内容と食事の選択は，各自の身体状況および運動の目的に応じたものにする必要がある。
〈成長・発育期にある人，体力増強を目的とする人〉
　体の発育に必要な蛋白質，カルシウム，鉄，カリウム，ビタミン類などを十分に摂る。
❋　健康の保持・増進を目的とする場合
　これは主に中・高齢者が体力の増強よりはむしろ，体力の保持を通じて健康の保持・増進を図る場合である。一般に運動強度はさほど高くないので，運動による消費エネルギー増加に合わせて総エネルギー摂取量を増やすようにすればよい。
❋　減量を目的とする場合
　生体の維持に必須の蛋白質，ビタミン，ミネラル類などの必要量を確保した上で，総エネルギー摂取量の減少を図るようにする。その際，余分な体脂肪をエネルギー源として消費するため，脂肪の摂取量は減らすことが大切だが，糖質はなるべく減らさない方がよい。すなわち，脂肪を多く含む食品を減らし，糖質の占める比率を高めて，栄養素間のバランスをある程度変えることにより，食物効率を下げる工夫をすると効果が大きい。これに対し，食事の内容を以前のままにして全体の摂取量を減らしたのでは大きな減量効果は期待できないことが多い。身体の側が基礎代謝量を下げ，エネルギー効率を上げることによって，より少ないエネルギーで生命活動を維持できるように適応するからである。

## ③ スポーツと栄養補給

〈スポーツの内容と栄養〉
　一般に，陸上競技や水泳の短距離，ウェイトリフティングなど，短時間に最

大の筋力を発揮するような運動では，主にぶどう糖やグリコーゲンがエネルギー源として使われ，ジョギングや長距離走のような持久性の運動では脂肪酸がエネルギーとして主に使われるなど，体内の代謝系も運動の種類に応じた変化をする（図5－2，図5－3）。したがって，高度な能力が要求されるスポーツ選手などにおいては，運動の内容に応じた細かな調整が栄養面においても必要となる。

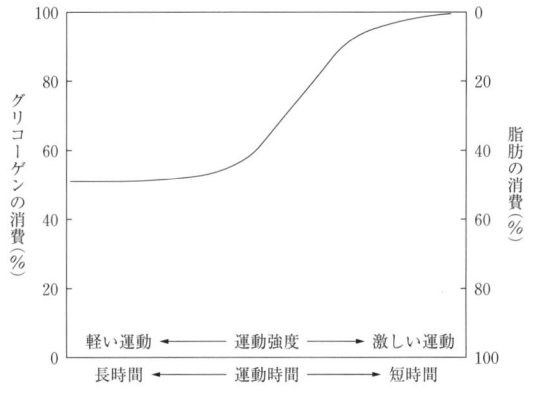

**図5－2　グリコーゲンと脂肪の消費割合**

資料　SALUTIS，1985

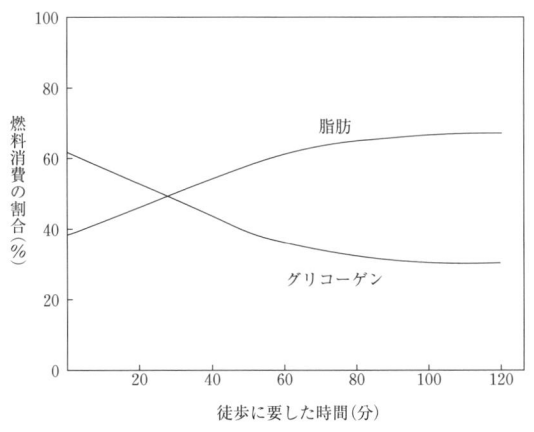

**図5－3　歩行時間とエネルギー源**

資料　SALUTIS，1985

## ❖ 持久力と栄養

人が身体活動を行う場合，そのエネルギー供給源は運動の強度，持続時間，運動前の食事内容などによって異なる。運動開始直後における骨格筋のエネルギー源は筋肉中のグリコーゲンが主なものであるが，次いで肝臓に蓄えられていたグリコーゲンが分解，血中に放出されたものおよび乳酸，ピルビン酸，糖原性アミノ酸などからの糖新生により補給される。さらに運動が続くと血中の遊離脂肪酸をエネルギー源として利用することになる。

運動強度が高くなるにつれてエネルギー源は糖質の燃焼に占める部分が多くなり，運動強度が低く，運動時間が長くなるにつれて脂肪の燃焼による割合が増してくる。最大酸素消費量の80％以上の強度の運動ではほとんどのエネルギーを糖質の燃焼から得ているので，スポーツ選手などにおいては筋グリコーゲン貯蔵量が持久力と密接に関係する。

## ❖ 持久力強化法

運動持続時間は普通食，高脂肪食に比べて高糖食を摂取した場合が最長であった[*3]（図5−4，図5−5）。これは体内，特に筋グリコーゲン量が食事により変化するためと考えられる。食事と運動の組み合わせにより筋グリコーゲン

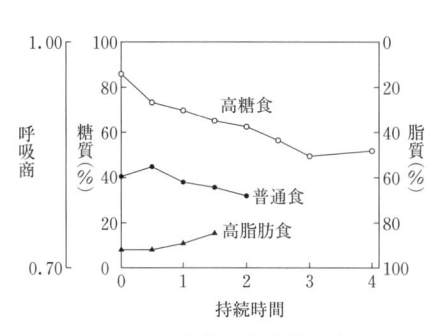

図5−4　食事と運動持続時間
クリステンセンら　1939

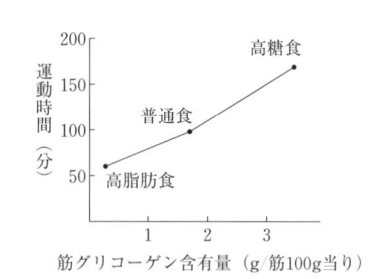

図5−5　食事内容による筋グリコーゲン含有量と運動時間の関係
ベルグストロームら　1967を，マッカードルら改図　1981

---

[*3] 明治時代，人力車に乗って東京から日光まで行ったドイツ人医師ベルツは車夫の食事が大量の米飯と漬物（高糖質食）であることを知って驚嘆したという。

量を高めるためのプログラムをグリコーゲン・ローディング（glycogen loading）とよび，高度の持久性を必要とする競技の際によく用いられる。その詳細は専門書に譲るとして，競技日の数日前から高糖質食（全摂取エネルギーのうち糖質が占める割合が70％を超える食事）を摂ることによって筋グリコーゲン貯蔵量を増大させるものである。これは1日に複数回の試合がある場合や競技が1時間以上になる場合に特に必要となる。

❋ 試合当日

食事は3～4時間前にすませておく。糖質を試合開始の30分から1時間前に摂取することは避ける。

試合中は休憩時などに糖質を補給（体重1kgあたり1g程度）すると血糖値の維持に有効である。

❋ 試合後

運動終了後は筋グリコーゲンの貯蔵量が高まるので，試合終了後なるべく早い時期に糖質を補給（体重1kgあたり2～3g）すると筋グリコーゲンの回復が早まる。

❋ 筋グリコーゲンの回復と糖質の種類

糖質の消化吸収速度および体内での代謝動向を表すものとして血糖上昇反応指数（Glycemic Index：GI）がある。一般にGIが高い食物は消化吸収が速く，血糖上昇反応も強く生じるが，GIが低い食品は血糖の上昇がゆるやかで持続時間が長い傾向にある。従って急速にエネルギーを必要とする場合は高GI食品が有効であり，筋グリコーゲン貯蔵を増やすためには中～低GI食品が望ましいことになる。

ただし低GI食品の多くは食物繊維含有率が高く，量が多すぎて必要量の摂取が困難なことがあり，注意が必要である。

近年，GIを考慮した栄養法（スポーツ時，肥満，糖尿病対策など）が注目されている。しかし，GIは個人差が大きく，調理法や食品の組み合わせ方などによって変動するので，GIを意識しすぎることは必ずしも適切ではない場合があるため，慎重な配慮を要する。

表5-9　グリセミック指数

| グリセミック指数 | 穀類 | 乳・乳製品 | 芋・豆類 | 野菜 | 果物・ジュース | 砂糖・菓子 |
|---|---|---|---|---|---|---|
| 高い<br>(85%以上) | フランスパン<br>食パン<br>コーンフレーク<br>もち | | マッシュポテト<br>ベイクドポテト<br>ゆでジャガイモ | ニンジン<br>スイートコーン | レイズン | ブドウ糖<br>麦芽糖<br>しょ糖(砂糖)<br>ハチミツ<br>シロップ<br>せんべい |
| 中程度<br>(60%～85%) | ご飯(精白米)<br>スパゲッティ<br>全粒粉パン<br>ピザ<br>ライ麦パン<br>クロワッサン<br>ロールパン | | フライドポテト<br>焼きさつまいも | かぼちゃ<br>ゆでグリーンピース<br>ゆでとうもろこし | スイカ<br>ぶどう<br>オレンジ<br>オレンジジュース<br>パイナップル<br>バナナ<br>パパイヤ<br>メロン<br>キウイ<br>マンゴー | ジェリービーンズ<br>ドーナッツ<br>ワッフル<br>コーラ<br>マフィン<br>クッキー<br>ポップコーン<br>ポテトチップ<br>アイスクリーム<br>チョコレート |
| 低い<br>(60%以下) | ご飯(玄米)<br>オールブラン(シリアス) | 牛乳<br>スキムミルク<br>低糖ヨーグルト | 大部分の豆類<br>ピーナッツ | | リンゴ<br>リンゴジュース<br>グレープフルーツ<br>グレープフルーツジュース<br>あんず<br>洋ナシ<br>さくらんぼ<br>桃<br>プラム | バナナケーキ<br>スポンジケーキ<br>乳糖<br>果糖(フルクトース) |

スポーツ科学トレーニングセンター『バドミントン指導の手引き』岐阜県イベント・スポーツ振興事業団　2002

## ❋　水分，電解質の補給

　運動中の水分補給は，これまで避けられることが多かった。持久力を低下させる，発汗を増大させ脱水状態をかえって促進させる，などと考えられたからである。ところが，体水分の大量喪失は血液の粘性を上昇させ，心臓への負荷を高める可能性があること，また運動中の適切な水分補給は，特に大量でない限り，身体状況改善効果が大きいことが明らかとなり，現在は競技や作業中の水分補給は広く行われるようになった。すなわち水分の補給は，その喪失量に応じ，こまめに行うとよいとされる。

体水分の損失が体重の3％を超えると運動能力の低下が明らかとなり，5％を超えると顕著な熱疲労の状態を生じ，7％の水分損失では幻覚症状が，10％では熱射病などのかなり危険な状態になるという。マラソン競技の場合，運動中に水分をまったく補給しないとすると，体水分損失量は（環境条件によって異なるが）3～6ℓにも達し，体重の5～10％に相当する水分を失うことになって極めて危険である。体水分損失量からみて，水分補給が重要となるのは競技が50～60分以上続く場合である。以下にフォックス（1989）による水分補給のガイドラインを示す。

● 水または少量の糖（2.5g以下／100ml）の低張性溶液を8～13℃に冷やしたものがよい。
● 競技の30分位前に水または上記の溶液を400～600ml摂取する。
● 運動中の水分摂取は，10～15分間隔で100～200mlずつがよい。

食塩の摂取は控えめにすることが望ましいが，運動時の発汗により多量の水分が失われる場合は，食塩のみならず，カリウム，マグネシウム，鉄などの補充が必要となることも少なくない。特に激しい発汗における鉄の喪失は運動性貧血の一因とみなされている[*4]。

運動時にいわゆるスポーツドリンクを摂取する人が増えている。これらの多くは，水分の他，ミネラル，糖分，有機酸，ビタミン類を含み，浸透圧を体液よりやや低くしてあるために水分の吸収速度が速いという。しかし，これらに含まれるぶどう糖や砂糖は，体内で脂肪酸がエネルギーとして利用される割合を低下させ，ぶどう糖のエネルギー源としての利用を促進させる効果があるので，運動の強度が特に高い場合は，運動前，運動中のスポーツドリンク摂取には慎重でなくてはならない。ただし，水分を急速に補給する必要がある場合には，これらは有効である。以上のことから，スポーツドリンク類は運動後に飲む方が無難といえる。

---

＊4　その他，激しい運動による赤血球破壊の亢進，運動適応性の赤血球減少（血液の粘性を減じ，循環能力を高めるための適応現象）などが原因とされている。

# 第3節──スポーツと嗜好品

## ① スポーツと喫煙

　運動時に喫煙の影響を最も強く受ける身体部分は呼吸器と心臓・循環器である。たばこ主流煙中の一酸化炭素は酸素に比べて200倍以上の結合力を赤血球中のヘモグロビン（Ｈｂ）に対して発揮し，一酸化炭素ヘモグロビン（ＣＯ・Ｈｂ）となって赤血球の酸素運搬を阻害する。血液中一酸化炭素ヘモグロビン濃度が15％を超えると，頭痛や視力低下が起こりはじめ，30％以上になると吐き気や嘔吐が加わり，50％以上になると昏睡に陥り，ついには死に至る。このように一酸化炭素は恐ろしい有毒ガスである。たばこ１本の普通の喫煙で，一酸化炭素ヘモグロビン濃度は１～２％の上昇をみるにすぎない。しかし低濃度とはいえ，血中の一酸化炭素濃度が上昇すれば，酸素供給は妨害され，中枢神経系の働きが妨げられたり，虚血性心疾患や慢性閉塞性肺疾患の患者である場合には，狭心症や呼吸困難の発作が引き起こされることもある。

　スポーツマンがたばこを吸うと，呼吸器系機能に影響を及ぼし，活動する筋肉への酸素の補給の減少を招くことになる。したがって，陸上短距離走やウエイトリフティングなど，酸素を補給しないで非常に短時間で激しい運動，つまり無酸素状態で行われる運動をする場合は喫煙の影響が目立たないことがあるが，常に酸素を補給しながら運動をするマラソンなどの全身持久性の有酸素運動は，喫煙の影響を著しく受ける。さらにニコチンの作用による影響すなわち心拍数の増加，血圧の上昇，心臓の収縮仕事量の増加とこれに伴う心筋酸素需要増加，末梢血管の収縮とこれに伴う皮膚温度の低下等が加わる。

　こうした作用を総合的に考えると，喫煙の影響下の運動は，平地より酸素濃度の低い高地で多大な過重を背負って行っていることに等しいといえよう。喫煙がスポーツの大敵といわれるゆえんである。

## ② スポーツと飲酒

### 1────スポーツ実施中の飲酒の実態

スポーツ選手が運動前や運動中にアルコール飲料を摂取することはないと思われる。しかし，一般の人々のスポーツ愛好家の中には，運動前や運動中であっても，アルコール飲料を気軽にとる光景を見る。スキーとゴルフをする一般のスポーツ愛好家を対象にした調査では，運動中に飲酒の経験を持つ人は，スキーヤーで男性87％，女性45％，ゴルファーでは男性80％，女性52％であった。またスポーツ実施中の飲酒について意見を求めたところ，飲酒を肯定する人は54.4％，飲酒を否定する人は21％を示し，スポーツ時の飲酒を当然とするような寛大な社会的風土がみられるのが現状である。スポーツをする上で，アルコール摂取が心身に及ぼす影響について認識することが必要である。

### 2────飲酒の全身影響

摂取されたアルコールは，そのままの形で胃や腸から吸収され，血液の中へ入り，次いで全身の組織に運ばれる。したがって，血中のアルコール濃度と組織中のアルコール濃度もほぼ同じといわれる。アルコールの中枢神経抑制作用は脳組織中のアルコール濃度にほぼ比例する。脳のアルコール濃度は直接測定できないので，前述したように，血中アルコール濃度を測定すれば酩酊度が予測できる（表5-10）。

血中アルコール濃度が同一であってもアルコールの身体への作用は個人差がみられる。大ざっぱに言えば，酒に強い人は血中アルコール濃度の上がり方が遅く，弱い人は速いことや，吸収のよい人，悪い人，体重差による分散度，胃内容物の量，アルコール酸化能力の差によっても違いがある。しかし個人差はあってもアルコールを飲用すれば，アルコールは血液を介して脳に達し，その効果は確実に全身に及ぶことになる。

つまり血中アルコール濃度が上昇するにつれ，中枢神経，特に大脳の機能が

表5-10 アルコールの血中濃度と急性中毒症状

| アルコール<br>血中濃度 (mg/100mℓ) | 急性中毒症状 |
| --- | --- |
| 0～50 | 正常～活発・雄弁 |
| 50～200 | 情緒不安定<br>感覚反応時間延長<br>運動能力低下 |
| 200～300 | 泥酔状態（千鳥足の出現）<br>言語障害<br>視力障害，精神錯乱 |
| 300～500 | 意識消失<br>深麻酔 |
| 350～600 | 昏睡<br>呼吸・心血管不全<br>時に死亡 |

栗山欣弥　1988

抑制麻痺して精神機能の障害，次いで感覚障害，運動障害が現われてくる。これはアルコールが脳に達すると，まずはじめに大脳の新皮質賦活系を選択的に抑制し，これまで新皮質で抑えられていた本能や情動的行動をつかさどる大脳辺縁系（旧・古皮質）の活動を一時的に活発化した結果，酩酊時特有の精神機能障害がみられ，次にアルコールが大脳の新皮質の運動領や小脳に強く作用して運動障害を引き起こすためである。

### 3───スポーツ実施中におけるアルコール飲用の影響

スポーツに及ぼすアルコールの影響をみると，神経系への影響は，平衡機能，反応時間（単純反応時間，選択反応時間），判断能力や弁別能力を要求する作業，正確性，スピードなどは低下傾向を示し，アルコール濃度が増すほど，より低下することが認められている。

筋力への影響は，筋力やパワーも一般的に低下を認めている。またアルコールを寒冷環境下で摂取すると末梢血管拡張作用を引き起こし，正常な体温調節機能を妨げ体温を低下させるので，スキーや冬山登山には注意を要する。

その他スポーツ傷害との関わりでは，スポーツ実施中の飲酒と外傷についての調査（スキーヤー）[1]で，スポーツ実施中に飲酒する人は飲酒をしない人に比較して，外傷をする率は3.4倍も高いことがわかっている。

このように，スポーツ実施前あるいは実施中の飲酒は好ましくない。運動が健康増進に果たす役割を追求する時，運動実施中の飲酒は慎むべきである。人々が運動やスポーツに求めるものはさまざまである。勝敗や記録の向上より気晴らし，人との交流を重んじる人も多い。しかし運動と健康を求める時，スポーツ時における飲酒を当然とするような風潮は決して好ましくないものである。

**引用・参考文献**

1）森基要他編『21世紀の健康学』みらい　1996
2）大森正英『新版　健康管理概論』光生館　2000
3）森基要他編『新スポーツ健康学』みらい　1993
4）厚生統計協会編『国民衛生の動向』2003
5）スポーツ科学トレーニングセンター『バドミントン指導の手引き』岐阜県イベント・スポーツ振興事業団　2002

# 第6章 性差とスポーツ

## 第1節──スポーツにおける性差

　近年，国民の健康意識が高まり，老若男女問わずに積極的にスポーツに参加する人々が増えてきている。スポーツの種目も多種多様になり，個々の目的に応じた方法でそれぞれが取り組む姿勢は好ましいことである。今やスポーツ種目によって男女の適正を論じることはできなくなってきている。男性のスポーツと考えられていた激しいスポーツにも多くの女性が参加し，逆に女性しか参加していなかったようなスポーツに男性が参加している時代である。もし，それぞれに不適なスポーツがあるとしたら，それは男女の身体的構造や機能，生理学的な性差からみてマイナスの要因を持つスポーツということになるだろう。スポーツを実施するにあたって性差について理解を深めることは大切なことである。

### 1　形態面

　一般に成人の男女を比較すると女性は男性より身体のサイズがひとまわり小さく男性の90％程度である。体重に占める脂肪の量（体脂肪率）は女性の方が大きく20〜30％で男性の約1.5倍である。骨盤は特に性差が大きく，男性が縦長であるのに対し，女性は横長で骨盤腔の広さが大きい。骨盤入口の形は，男性がハート形であるが女性は円形である。このような女性の骨盤形態の特徴は分娩のためと考えられている（図6-1）。

　さらに女性は大腿骨が男性に比べ内方に向かっており，膝同士が近づくX脚になりやすい。重心の位置は身長に対する割合で示すと男性は平均56.2％，女

性は55.2％で女性の方が男性より低い位置にある。これは女性の腰部の脂肪沈着によるものと考えられている（図6−2, 6−3）。

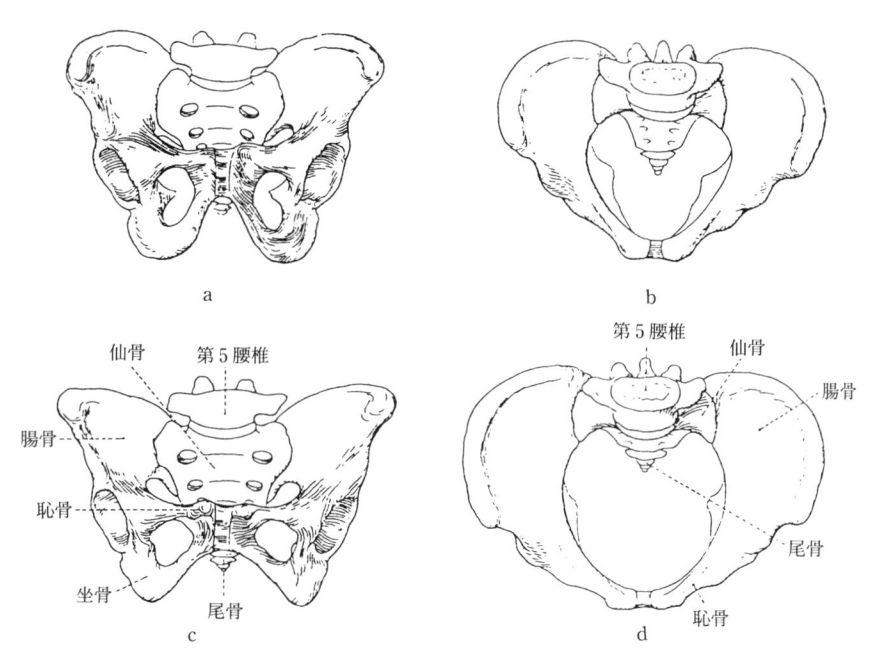

a，bは男，c，dは女　またa，cは前面，b，dは上前面
**図6−1　男女の骨盤**（Spalteholz）

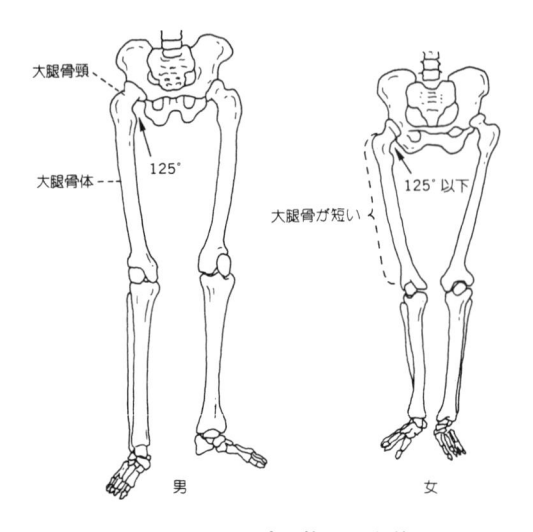

図6－2　下肢骨格の男女差
目崎登『女性スポーツの医学』文光堂　1997

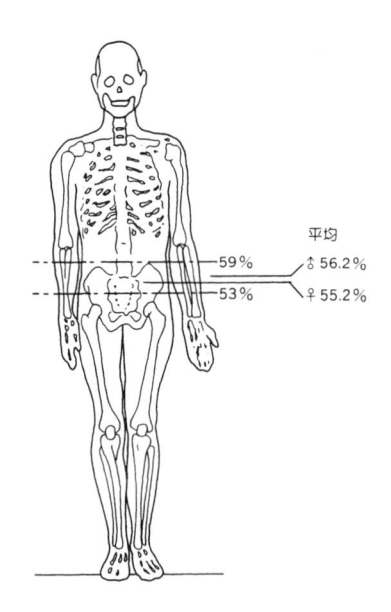

図6－3　身体の重心位置
出典　図6－2に同じ

## ② 機能面

　体重に占める器官・臓器の重量比を表6－1に示す。女性の四肢の骨は，水分や脂肪の含有量が多いため細くて折れやすく，骨量は男性の約65%程度である。筋重量は約80%，筋力は60〜65%程度である。筋力の差は，筋の質ではなく，量的差異によるものと考えられており，単位面積あたりに発揮される筋力としては性差はほとんどみられない。心機能については女性は1回の収縮によって送り出される血液量が男性より約15%少なく血液の総量も男性より約10%少ない。したがって酸素運搬能力は女性の方が男性より劣っている。

　このようにみてくると，性差があることは明らかで，どちらかといえば女性の方が男性に比べてスポーツを行う上でのマイナスの要因が多いようである。しかし，男女それぞれの身体的特性を生かしながらマイナス要因を克服し，外傷や障害の予防に努めながらスポーツを実施していくことが大切であり，一概に種目による適性は判断できないのである。各々が目的を持って楽しく安全に，しかも長く継続できるスポーツを見つけて実施すればよい。

表6－1　器官，臓器の重量比

|  | 男 | 女 | 女/男×100 |
| --- | --- | --- | --- |
| 全重量 | 100 | 100 |  |
| 骨 | 20 | 15 | 75.0 |
| 筋　肉 | 40 | 36 | 90.0 |
| 脂　肪 | 20 | 30 | 150.0 |
| 皮膚，内臓 | 12 | 13 | 108.3 |
| 血　液 | 8 | 7 | 87.5 |

出典　図6－2と同じ

## 第2節──月経とスポーツ

　女性は初潮を迎えてから閉経に至るまでの約40年間，月経とつきあっていかなければならない。月経とスポーツについての報告は多いが，月経の周期やそれに伴う精神的・身体的症状は個人差が大きいので対応も様々である。しかし女性にとって月経は自分の健康を知る一つのバロメーターになっているので正常な状態を認識しておくことは大切である。その上で自分に合った対処法で上手に月経とつきあっていくことが望ましい。

### ① 正常月経の範囲

　月経の初日から次の月経の開始前日までの日数を月経周期といい，普通は25〜38日の範囲内で周期ごとの日数の変動が6日以内のものとしている。さらに，月経出血の持続日数は3〜7日（平均4.6日）で経血量は20〜140ml程度を正常範囲としている。この範囲に入らないものは月経異常として扱っている（表6－2）。

### ② スポーツ選手と月経

　スポーツ選手は一般女性と比較して，初経発来年齢が遅れる傾向にある。図6－4からもわかるように一般女性の場合は12歳がピークになるのに対し，スポーツ選手の場合は13歳がピークとなっている。種目別にみても体操競技や新体操など比較的体重や体脂肪量の少ない選手やウエイトコントロールを行うことの多い種目でこの傾向が強い。初経発来にはその時期においてある一定以上の体重，体脂肪量が必要であることが明らかになっており，あまり早い時期からの激しいスポーツやトレーニング実施が身体発育上影響を及ぼすことが考えられるので実施すべきではない。

表6－2　月経異常の分類

```
1．月経発来の異常
    a．早発月経：初経発来が10歳未満
    b．遅発月経：初経発来が15歳以上
2．月経周期の異常
    a．無月経：
       (1) 原発無月経：18歳になっても初経発来のないもの
       (2) 続発無月経：3カ月以上月経が停止したもの
    b．頻発月経：月経周期が24日以内
    c．希発月経：月経周期が39日以上
    d．不整周期：25～38日の正常周期に当てはまらない月経
3．持続日数および量の異常
    a．過短月経：出血日数が2日以内
    b．過長月経：出血日数が8日以上
    c．過多月経：月経血量が異常に多いもの
    d．過少月経：月経血量が異常に少ないもの
4．月経随伴症状
    a．月経困難症：月経期間中に月経に随伴して起こる病的症状
    b．月経前緊張症：月経開始3～10日前頃より始まる身体的・精神的症状で，月経開始
       とともに消失する
```

越野立夫他編『女性のスポーツ医学』南江堂　1996

　またスポーツ選手では，続発性無月経や不正周期症などの月経周期異常を有する者が多い(図6－5)。このような月経異常をきたした場合には早い時期に婦人科を受診することが大切である。

　月経に伴う症状，すなわち月経が始まる前に経験する不安感，憂鬱感，食欲増加などといった月経前緊張症（premenstrual tension, PMS）や月経中に経験する下腹部の痛み，腰痛，吐き気，むくみなどの月経困難症について，一般的にはスポーツ選手の方が軽いということがいわれているが，これがスポーツを実施していることによる効果であるという明確な結論にはまだ至っていない。

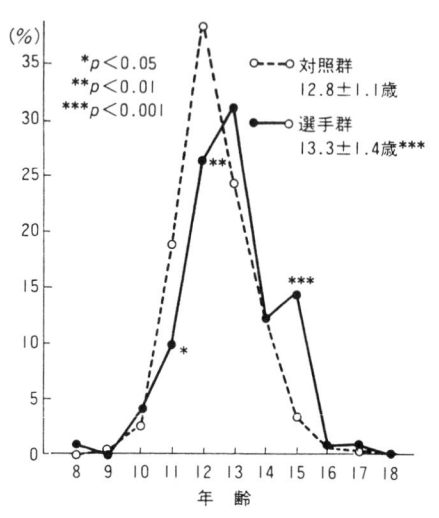

図6−4　初経初来年齢の分布
出典　図6−2に同じ

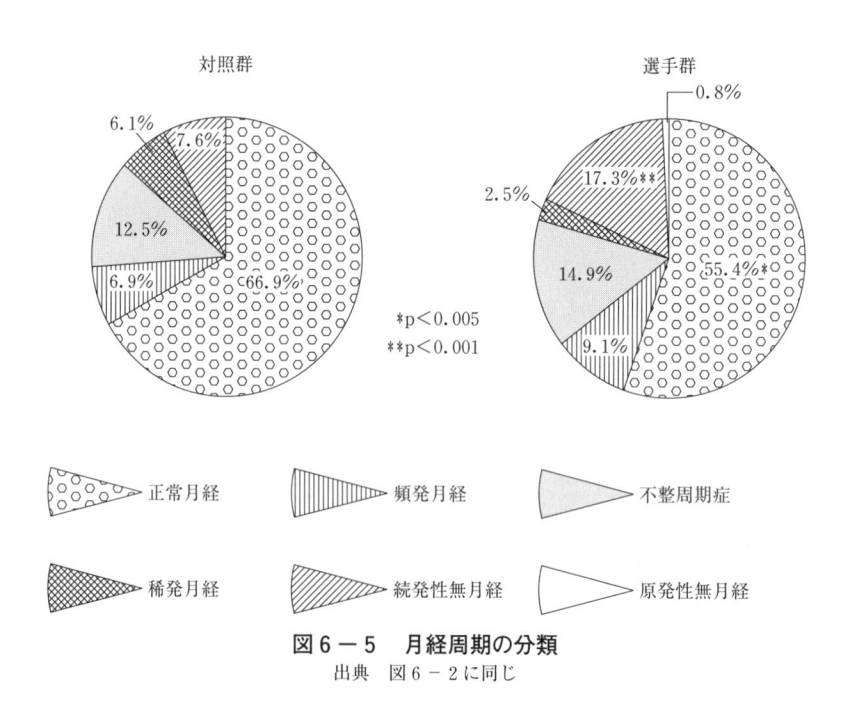

図6−5　月経周期の分類
出典　図6−2に同じ

## ③ 生理用品

　ナプキンとタンポンがあるが，日本産婦人科学会が提唱する指針においては，思春期少女の場合には内性器の発育状態，清潔に取り扱うことの困難さなどからタンポンは望ましくないとしており，小学生は禁止となっている。成人女性の場合でも一概にどちらがよいとはいえないので，運動する時間や血液量によって工夫が必要である。水泳の選手は月経時にタンポンを使用する場合が多く，日頃から習慣的にタンポンを使用している傾向がある。慣れていないタンポンを無理に使用したり強制させるようなことがあってはならない。

## ④ 月経中のスポーツ

　基本的に特に禁止する必要はなく本人の意志決定にまかせるのがよい。学校の体育の授業について（表6－3）と，月経期間中のスポーツ選手の活動（表6－4）について日本産科婦人科学会は指針として出している。体育の授業では指導者が強制的に実施させることには問題があるが，月経期間中だからという理由だけでスポーツを実施しないという消極的な姿勢も問題である。月経に伴う症状は個人差が大きいことから，自分の体調をよく見極めた上で実施するかしないか判断すればよい。

表6－3　月経期間中の体育授業

|  | 水　泳 | 陸上スポーツ |
|---|---|---|
| 小学生 | 強制的に行わせるべきではない | 問題は少ないと思われる |
| 中学生 | 経血量の減少後<br>生理用品は使用しない | 外装具の使用を原則とする<br>＊経血量減少，月経痛軽快後が望ましい |
| 高校生 | 内装具は高校生以上を原則とする<br>（水泳時に限る） | ＊軽い内容とする |

資料　日本産科婦人科学会

表6-4　月経期間中のスポーツ選手の活動

|  | 水　泳 | 陸上スポーツ |
|---|---|---|
| 小学生 | 強制的に行わせるべきではない | 規制する必要はない<br>外装具を使用する |
| 中学生<br>高校生 | 規制する必要はない<br>外装具の使用を原則とする<br>（経血量が多い時は，スポーツ活動時に限って，内装具を使用する）<br>＊トレーニング内容は，無理をさせない，軽い内容とする | |

資料　表6-3に同じ

# 第3節── 妊娠とスポーツ

　以前は流早産になる心配から，妊娠中にスポーツを実施するなど到底考えられなかった時代もあったが，妊婦自身の安全を確保しながら適切な方法で実施することにより様々な効果があることがわかってきた。女性にとって出産という大仕事を無事に成し遂げるには相応の体力が必要であることはいうまでもない。妊娠中とはいえ極端に身体を動かさないでいると，必要以上に体重が増えて産後に影響を及ぼしたり，赤ちゃんが大きくなりすぎて難産になる可能性もあるので，妊娠中とはいえ適度な運動は必要である。しかし，あくまでも母子とともに安全であることが第一であるため非妊娠時とは全く別に考え，実施するにあたっては妊娠の経過がスポーツを実施してもよい状態であるのかどうか担当医師とも相談をしながらでなければならない。妊娠期の運動の必要性を理解した上で，正しい方法でスポーツに取り組むことが大切である。

## ① 妊娠中のスポーツの目的

　妊娠中のスポーツの目的は，運動不足の解消，肥満の予防，気分転換，体力の維持，持久力の獲得などであり，妊娠中の健康管理・増進と妊娠期を快適に

表6－5　妊婦スポーツの目的

1．運動不足の解消
2．妊娠中の体重増加予防
3．不定愁訴の改善
4．体力，持久力の獲得
5．ストレス解消，気分転換
6．安産傾向

過ごすことを目的として実施されるものである。したがって，スポーツを実施することによって母胎に悪影響を及ぼすようなことにならないために安全を重視し，細心の注意をはらわなければならない（表6－5）。

## ② 母体・胎児への影響

近年では，妊娠中の安全性や効果が認められ，特に水泳は，水の浮力によって重い妊娠子宮の負担が軽減し，妊娠中におこる様々な症状が消失することから理想的なスポーツ種目といわれている。

妊娠中に運動することによってもっとも心配されるのは，母体や胎児への影響である。しかし，今のところスポーツ実施が原因で流早死産などの発生に至ったという否定的な報告はみられない。

## ③ 妊婦のスポーツ実施の条件

スポーツに参加している妊婦は産科医の許可を得た者に限られており，切迫流産・早産等の徴候や，何らかの異常がみられる妊婦は運動を禁止されている。

このように，妊婦のスポーツは産科医の管理下で実施されることが条件になっている。

さらにスポーツ実施の前後には必ず血圧や脈拍などの測定や体調チェックを

行い，実施中も医師や看護師が待機していなければならない。

　スポーツ種目は妊婦の安全性が確保できれば基本的には自由に選択してもよいと思われるが，急に大きな外力が作用するもの，瞬発性あるいは持久性が求められるもの，競争性が高いものはさけるべきである。また，スポーツ実施中は体温が上がったり下がったりしないように心掛ける。特に妊娠後期は発熱により子宮の収縮が増加して早産につながる可能性もあるので，長時間高温にさらされる環境下での実施はさけるべきである。水泳では，室温，水温ともに30℃±1℃が望ましいとされている。

　スポーツを開始する時期は，胎盤が最も安定する15〜16週以降がよいようである。終了する時期は36週以降を目安とする。しかし，特別異常が認められないようであれば分娩ぎりぎりまで実施しても影響はないようである。

　実施の時間帯は，午前10時から午後2時の間がよいとされている。これは，1日のリズムで子宮収縮が最も起こりにくい時間帯という理由からである。

　1回の運動時間は60分以内とし，頻度は週2〜3回がよいであろう。運動強度については最大酸素摂取量60〜70％程度，毎分心拍数120〜140拍/分程度が安全域とされている。

　また，主観的運動強度（rating for physical exertion ; RPE）が"非常に楽である"から"ややきつい"程度が望ましい（第3章第2節参照）。

表6-6　実施に際しての注意事項

1．担当医の了解を得ておくこと
2．妊娠経過が正常であること
3．午前10時から午後2時頃まで
4．1回1〜2時間，2〜3回／週が望ましい
5．習慣性流早産既往がないこと
6．他科の合併症妊婦ではないこと
7．妊娠16週以降が望ましい
8．主治医か助産師の指導下の実施が望ましい

第6章　性差とスポーツ

## ④　妊婦スポーツの効果

　妊婦がスポーツを実施することによって得られる効果が報告されている。
① 　分娩に必要な筋肉群が強化される。
② 　妊娠中に感じる不快な症状（minor disturbance）が軽減される。
③ 　出産や育児に対する不安から生じる精神的ストレスを解消する。
④ 　分娩時に役立つ呼吸法や筋肉群のリラックスの仕方を自然に習得できる。
　その他，分娩所要時間がスポーツを実施していない妊婦に比べて短い傾向にあることや，帝王切開率が減少傾向であることなどが報告されているが，分娩の難易には様々な要因が関わっていることから安易にスポーツを実施していれば必ずしも安産であるということではない。

　妊娠期におけるスポーツの実施は，比較的よい影響を及ぼすことが産科医や妊婦自身に理解が得られてきてはいるものの，まだまだ未解明な部分も多い。実施にあたっては，安全性をはじめ，個人個人の体力差や運動能力，運動経験など，考慮すべき点が多々ある。できれば妊娠をきっかけにスポーツを始めるのではなく，妊娠以前より好きなスポーツを行う習慣をつけて，妊娠中はむしろそのスポーツの内容を軽減させて行う程度にすることが最も望ましいやり方と考えられる。

**参考文献**
1 ）大森正英他・森基要監『実践健康学』中央法規出版　1992
2 ）森基要他編『新スポーツ健康学』みらい　1993
3 ）森基要他編『21世紀の健康学』みらい　1996
4 ）目崎登『女性スポーツの医学』文光堂　1997
5 ）井上一『運動療法ガイド〜正しい運動処方を求めて〜』日本医事新報社　2001
6 ）越野立夫他編『女性のスポーツ医学』南江堂　1996

## スポーツ科学論

2004年 4 月 1 日　初 版 第 1 刷 発 行
2007年 4 月 1 日　一部改訂第 1 刷発行
2023年 3 月31日　一部改訂第 8 刷発行

| 著　　　者 | 水野 かがみ・水野 敏明 |
|---|---|
|  | 井上 広国・大森 正英 |
| 発 行 者 | 竹鼻 均之 |
| 発 行 所 | 株式会社 みらい |

〒500-8137　岐阜市東興町40 第 5 澤田ビル
電話　058-247-1227
https://www.mirai-inc.jp/

| 印刷・製本 | サンメッセ株式会社 |
|---|---|

ISBN978-4-86015-042-6　C1075
Printed in Japan　　　乱丁本・落丁本はお取り替え致します。